위빠사나

명상일기

'저절로'가 '깨달음의 열쇠'다!

Vipassanā Diary

위빠사나 명상일기

영선 지음

운주사

초등학교 1, 2학년쯤 되었을 때인 것 같습니다. 큰할머니에게 처음 들은 "여자는 시집가면 남이야!'라는 말은 큰 충격으로 다가왔습니다. 10살 정도 된 꼬마 여자아이는 결혼도 하기 전에 이미 남이었습니다. 살아오면서 계속 들은 '출가외인'이라는, 저항할 수 없는 말은 제 가슴을 아프게 하며 저를 고통의 나락으로 밀어 넣었습니다. 마음도 많이 아팠지만, 몸은 스무 살도 채 안 되는 나이에 고장이 나기 시작하면서 나이가 들어서는 책 한 권을 드는 게 버거울 정도로 아팠고, 살아 있는 것이 고통스러웠습니다. 그러다 붓다의 위빠사나 명상을 하면서 고통스러웠던 삶은 완전히 바뀌었습니다.

하늘은 한가득 평화로움을 간직하고 있습니다. 살아 있음의 생동감을 뿜어내는 나무들이 그 자체로 아름답습니다. 꽃들이 살아 있음의 향기를 발하고 있고, 새들이 저마다의 목소리를 자랑이라도 하듯이 행복을 노래합니다. 도시의 인파 속에서는 모든 사람들 하나하나가 다 아름답고 사랑스러워 보입니다. 누구도 미워할 수 없습니다. 잘못하는 이조차도 미워할 수 없습니다.

그 사람의 아픔이, 슬픔이 느껴집니다. 거기엔 '나' 아닌 사람은 없습니다. 이기적인 '나'란 사람도 없습니다. 세상이 빛을 발하고 있습니다. 세상이 살아 숨 쉬고 있음이 만끽되고 상쾌합니다. 모든 이들에게 치유의 에너지를 보냅니다. 평화의 에너지를 보냅니다.

이 글은 붓다의 위빠사나 명상을 하면서 경험한 개인적인 수행의 과정을 기록한 것입니다. 한편으로는 부끄럽고, 또 다른 한편으로는 치부를 드러내는 것 같아, 글을 써야 하는지 말아야 하는지를 한동안 고민했습니다. 그러나 수행자들에게 '위빠사나 수행을 어떻게 해야 고통으로부터 벗어날 수 있는지'를 알리기 위해서 부끄럽지만 글을 계속 쓰게 되었습니다. 따라서 이 글은 단순히 위빠사나 수행의 방법론에 대해서만 서술한 것이 아니라, 개인적인 경험을 통해 얻은 기법적인 방법들을 다루고 있습니다. 이 책이 위빠사나 명상을 좀 더 널리 알리는 데 기여하고, 수행자들에게는 실질적인 도움이 되었으면 합니다.

우리들은 주변의 잡다한 소리와 관심거리들에 의해서 자신의 몸과 마음이 만들어 내는 소리를 듣지 못하는 경우가 많습니다, 고통스러워하면서도 자신에게 관심을 주지 못하고 있습니다. 위빠사나 명상이 바로 몸과 마음에 집중하여 자신이 내는 소리에 다가가 지켜보며 알아차리면서 행복하고 평화로워지는 방법입니다.

위빠사나 명상은 몸과 마음을 알아차리는 과정이기 때문에 흔한 이야깃거리가 아니며, 또는 아직 경험해 보지 않은 영역이라 조금은 어려울 수 있습니다. 그래서 그동안 경험한 것을 바탕으로 하여, 수행이 어려운 이유와 이를 극복할 수 있는 방법들을 다루어 보았습니다.

1장에서 5장까지는 위빠사나 명상의 기본적인 방법들을 다루었고, 7장부터는 좀 더 나아가길 원하는 수행자들에게 도움이 될 수 있는 기법적인 것들을 다루어 보았습니다. 8장은 저절로(깨달음의 열쇠)의 알아차림을 위한 방법적인 것들이고, 9장에서는 마음의 존재 방식이나 속성들에 대하여 다루었습니다. 그리고 10장은 무상無常·고苦·무아無我에 좀 더 쉽게 접근하기 위한 방법들을, 11장에서는 깨달음을 성취하기 위한 좀 더 직접적인 방법들에 대해 다루었습니다. 13장부터는 명상일기로, 여기에서는 어떤 노력을 했는가와 깨달음의 성취를 위한 방법으로 깨달음의 열쇠 13개를 제시해 보았습니다.

수행자라면 누구나 깨달음의 성취를 원합니다. 그러나 쉽지만은 않습니다. 아니 어렵습니다. 그러다보니 수행처마다 조금씩은 서로 다른 방법들을 지향하며 노력하고 있습니다. 그런데 깨

달음의 성취는 본인이 원한다고 해서 되는 것이 아니라 '저절로'
입니다. 분명 개인의 기호나 성향과는 관계없이 알아차림이 저
절로 되는 상태에서 이루어지는 수행의 진보입니다. 그래서 깨
달음을 성취하기 위한 가장 확실한 방법은 저절로의 알아차림입
니다. 때문에 저절로의 알아차림을 직간접적으로 돕는 기법적인
것들을 깨달음의 열쇠로 제시해 보았습니다. 그러나 어쩌면 생
각이 다른 수행자나, 이런 것들이 필요치 않은 수행자도 있겠지
요. 그렇다면 '이렇게 수행한 사람도 있구나!'라고 보아 주었으
면 합니다.

그동안 도움을 주신 명상센터와 가르침을 주신 모든 스승님들
께 머리 조아려 깊은 감사의 인사를 드립니다. 그리고 지금까지
수행하는 과정에서 정신적·물질적으로 도움을 주신 모든 분께
이 자리를 빌려 깊은 감사의 말씀을 전합니다.

이 글은 순수하게 개인적인 경험을 기록한 글입니다. 이 글로
인하여 누군가에게 누가 되었다면, 머리 조아려 용서를 빕니다.
그리고 그동안 알게 모르게 지은 모든 잘못에 대해서도 용서를
빕니다.

존재하거나 존재할 모든 생명체가 평화롭고 행복하기를 빕니
다. 지구에 있는 모든 생명체, 우주에 있는 모든 생명체가 평안하
고 행복하기를 빕니다. 좀 더 많은 수행자들이 깨달음을 성취하

길 빕니다!

　위빠사나의 알아차림은 자신에게 집중함으로써, 진정 자신을 사랑하는 방법입니다. 모두가 행복했으면 좋겠습니다. 이 책을 모든 수행자에게 바칩니다.

2018년 6월

영선

일러두기

1) 저절로는 무아입니다. 무아는 '나'없음의 상태입니다. 그래서 '한다'와 같은 행위자가 없습니다. 마치 수업 시간에 원하지 않지만 졸음이 오듯이, 하려고 하는 행위의 주체가 없습니다. 그래서 행위의 표현은 다음과 같이 됩니다.

걷는다 ―― 걸어지다. 걸어지고

움직인다 ―― 움직여지다. 움직여지고

고개를 숙이다 ―― 숙여지다. 숙여지고

집중하다 ―― 집중되다.

알아차리다 ―― 알아차려지다. 알아차려지는

2) 수행센터의 명칭은 방문한 순서대로 A수행센터, B수행센터, C수행센터, D수행센터, E수행센터로 명명하였습니다.

위빠사나
명상일기

배움의 여정

행복이란?

사람들은 '행복이란 무엇인가?'에 대해 나름대로 다양한 이야기들을 합니다. 그래도 먹고 사는 일이 가장 중요하다며 돈이나 재물을 얻기 위한 일에 매진하며, 일상에서 소소한 행복을 추구하는 사람들이 있는가 하면, 자기가 좋아하거나 원하는 일을 할 때, 가장 행복하다고 하는 사람들도 있습니다. 그래서 운동이나 악기, 그림이나 학문, 명예 등등을 추구하며 자기만의 세계에서 행복감을 경험하기도 합니다. 그리고 사랑하는 사람과 함께 할 때라고 하는 사람들은 사랑하는 사람들과 일을 병행하기 위해서 나름대로 많은 노력들을 합니다. 그런데 마음은 늘 변합니다. 지금 행복한 마음은 시간이 지나면서 싫어함이나 지루함으로 변질되기도 하고, 한 순간은 행복하다가도 또 다른 순간은 불행하기도 합니다. 뿐만 아니라 나이가 들어감에 따라, 혹은 배움에 따라 가치관의 변화가 오기도 합니다. 그러나 우린 언제 어디서나 변함없이 늘 행복하기를 원합니다. 진정한 행복이란 좋아하고 싫어하는 마음의 장난이 아닙니다. 행복은 내면에서 저절로 흘러나오는 에너지입니다. 그래서 삶의 상황과 관계없이,

존재 자체로 행복합니다.

삶의 전환점

30대 중반쯤 되었을 때입니다. 감정싸움으로 인한 체력 소모뿐만 아니라 정신적인 고통을 주기적으로 겪는 것이 너무나 싫었습니다. 그렇다고 해서 그런 상황으로부터 벗어날 수 있는 능력도 없었습니다. 그렇게 고통스러워하면서도 고통을 숙명처럼 받아들이며, 타성에 젖어 살고 있었습니다. 그러던 어느 날 지금은 열반하신 법정 스님의 『서 있는 사람들』이라는 책을 우연히 만나게 되었습니다. 그런데 이 책을 처음 보고, 읽고는 싶었지만 읽는 것이 쉽지 않았습니다.

초등학교 5학년 때부터 어머니의 권유에 따라 예수님을 믿고 따르는 신앙생활을 한 적이 있습니다. 이 성장 배경의 그림자 때문에 스님이 쓴 책이란 게 왠지 꺼림칙하게 느껴졌습니다. 그럼에도 자꾸 이 책에 마음이 갔습니다. 용기를 내어 읽기 시작했습니다. 책 한 권을 단숨에 읽어 내려갔습니다. 지금도 선명히 기억이 납니다. 마지막 책장을 넘기면서 새로운 세계라고 해야 할까요! 새로운 감각이라고 해야 할까요! 글 속에서 그동안 전혀 느껴보지 못했던 생동감, 그 느낌 속에서 살아 있음을, 숨 쉬고 있음이 느껴졌습니다.

'아! 이게 사는 거로구나.'

책 한 권을 읽었을 뿐인데, 행복했습니다. 단순히 일하고, 아이들을 돌보고 하는 것과는 다른, 내면에서 살아 있음의 기쁨을 느낄 수 있었습니다. 책을 읽는 것만으로도 이렇게 행복해질 수 있다는 것을 처음 알았습니다. 책은 그동안 굶주렸던 내면에 신선하고 향기로운 살아 있음의 에너지를 불어 넣어 주었습니다.

책을 펴는 것은 어려웠지만, 그 대가는 대단한 것이었습니다. 하나님과 예수님을 전부라고 알고 있던 마음에 새로운 세계인 스님을 받아들임으로써, 그동안 배척해 왔던 것들을 받아들일 수 있는 마음의 문이 열리기 시작했습니다. 그야말로 열린 사고의 시작이라고 해야 할까요. 고맙게도 이 열린 시각은 살아가면서 고정관념을 초월하고 종교를 초월할 수 있는 초석이 되어 주었습니다. 뿐만 아니라 타성에 젖어 살아가던 삶에 활력을 불어 넣어 줌으로써 또 다른 세상으로 향하는 삶의 전환점이 되어 주었습니다.

이렇게 살아가면서 정신적으로 고통을 느낄 때마다 지혜로운 사람이 되고 싶었습니다. 그래서 책을 통해 다양한 분야에 대해 배우면서 좀 더 현명하고 지혜롭게 살아가야겠다는 결심을 하게 되었습니다. 그리고 마음이란 것에 관심을 갖고 마음, 심리, 치유, 깨달음 등에 관한 책들을 본격적으로 읽기 시작하면서 처음으로 명상이라는 것을 접하게 되었습니다.

수행자로서의 삶

그동안 다른 사람들을 의식하며 살아왔습니다. 그래서 누구나 다 알아주는 유명 브랜드의 옷으로 치장을 하는 정도는 되어야 사람 대접 받는다는 생각을 은연중에 하고 있었습니다. 이는 스스로가 자신은 부족하며, 혼자서는 당당할 수 없다는 것을 인정하는 것이었습니다. 중요한 것은 다른 사람들이 자신을 어떻게 생각하느냐가 아니라, 자신이 스스로를 어떻게 생각하느냐의 문제라는 자각이 왔습니다. 다른 사람들을 의식할수록 자기 삶은 없습니다. 그러면 행복도 없겠지요.

그래서 먼저 화장을 하던 것을 그만두었습니다. 이에 대해 직장 동료들은 '화장 안 한 얼굴에 자신이 있느냐?'라며 용감하다고 했지만, 전 괜찮았습니다. 그리고 주기적으로 다니던 미용실을 다니지 않고, 스스로 머리를 자르며 파마도 하지 않았습니다. 옷도 가능한 사지 않고, 사더라도 실속 있는 것으로 사면서 검소한 생활을 시작했습니다. 이런 저의 변화를 보고 직장 동료들은, 지금 바로 '절'로 들어가도 적응하는 데 아무런 문제가 없을 것이라며 웃었습니다.

이제 제대로 수행자의 길로 들어선 것입니다.

초등학교 어린 시절부터 접한 기독교적인 시각은 다른 종교를 거부하도록 만들었습니다. 그래서 이런 편견으로부터 벗어나기 위해서 깨달음에 관한 방법은 가능한 다각적으로 접근했습니다. 법정 스님과 연고가 있는 성북동의 길상사에서 주말 선 수련회에 참가해 보았고, 틱낫한 스님께서 주도하시는 명상에도 참가해 보았습니다. 이외에 기 수련이나 마음 수련 등 여러 곳을 찾아다니며 공부했습니다.

책으로는 인도의 『우파니샤드』·『바가바드기타』·『베다』, 중국의 『도덕경』·『주역』·『논어』·『대학』·『중용』, 이스라엘의 『탈무드』·『카발라』·『도마 복음』, 그리고 『기적 수업』 등을 보았습니다. 또한 지두 크리슈나무르티, 에크하르트 톨레, 라마나 마하리쉬, 니사르가닷따 마하리지, 아잔차, 데이비드 호킨스 박사님 등의 스승님들이 펴낸 책들은 가능한 모두 읽어 보았습니다. 또한 붓다의 『법구경』, 『반야심경』, 『숫타니파타』 등 여러 경전들도 보았습니다.

책은 깨달음으로 가는 여정에 커다란 디딤돌이 되어 주었습니다. 이 시대에 직접 뵐 수 없는 스승님들을 책을 통해 만날 수 있었으니까요. 책을 보면 오랜 친구를 만난 듯 반갑고, 정이 갑니다. 때로는 보는 것만으로도 행복합니다. 책을 통해 다른 사람들의 삶의 방식을 보면서 열린 사고를 얻을 수 있었고, 그들의 지혜를 통해 더 많이 배울 수 있었습니다.

전 세계적으로 많은 사람들이 마음의 아픔을 경험하고 있습니다. 저 역시도 그랬습니다. 허기진 배는 음식으로 채울 수 있지만, 마음이 허기진 것은 돈으로 채울 수 없었습니다. 물질적인 것으로는 생활의 편리함은 얻을 수 있었지만, 아픈 마음을 치유할 수는 없었습니다. 그래서 깨달음에 더 집중했는지도 모르겠습니다. 그리고 계속 깨달음에 대한 갈증으로 여기저기 몇 년 동안을 계속 헤매고 다녔습니다. 그런데 이러한 과정들이 사실은 최종 목적지를 향한 배움의 여정이었습니다.

그중에 하나가 붓다의 위빠사나입니다. 2003년 감사하게도 위빠사나를 만났고, 2006년도에는 꿈에도 그리던 위빠사나 수행을 시작할 수 있었습니다. 이렇게 또 다른 세계로의 여행은 시작되었습니다. 그리고 2013년 1월 29일.

"배의 부름과 꺼짐을 계속 알아차리는데, 마음이 멀어져 갑니다. '어!' 하며 그 마음을 잡으려는 마음이 일어났습니다. 다시 알아차리려는데, 또 마음이 멀어져 갔습니다."

2013년 11월 29일

인터뷰를 하면 아무래도 말을 더 많이 하게 됩니다. 그러면 집중력이 떨어지고 알아차림도 끊어집니다. 그런데 인터뷰하면서 말을 하는 데도 계속 고개가 저절로 숙여지며 저절로 집중되고, 저절로 알아차려졌습니다.

식사를 하는데, 수저가 저절로 움직여집니다. 매운 음식으로 인해 입안이 맵지만, 수저가 저절로 계속 매운 음식으로 가 음식을 입안으로 가져옵니다. 음식을 더 먹겠다고 마음의 의도가 일어났지만, 수저가 가지 않습니다. 저절로 손이 주전자로 가고 찻잔에 차를 따릅니다. 차를 마시자, 고요합니다. 그리고 평화롭습니다.

좌선을 끝냈습니다. 그리고 행선을 하는데, 싱그러웠습니다. 위빠사나 수행을 하면서 이런 일은 처음입니다. 봄날의 새 생명의 신선함과, 덥지도 춥지도 않은 상태, 싱그러움이라고 해야 할까요?! 그것이었습니다. 싱그러운 에너지가 온몸을 감돌면서 몸과 마음이 가볍고, 상쾌하면서 산뜻하고 싱그러웠습니다.

"아~~! 이것이 쿤달리니 에너지, 그래! 바로 이것이로구나!"

1장

위빠사나란?

오래 전 모 방송국에서 방영하는 〈우리 아이가 달라졌어요〉라는 프로그램을 재미있게 본 적이 있습니다. 전문가들이 어린아이의 잘못된 행동과 가정의 변화를 위한 개선 방안을 제시해 주는 내용입니다. 여섯 살인지 일곱 살 된 사내아이가, 원하는 것을 주지 않으면 집에서고 밖에서고 관계없이 바닥에 누워서 떼를 썼습니다. 엄마가 달래고 야단을 쳐도 소용이 없었습니다. 그런 아이의 모습을 촬영해서 본인에게 보여주자, 아이는 행동이 싹 달라졌습니다. 아이의 행동을 고치려고 수없이 노력했던 엄마의 수고와는 상관없이, 단 한 번 자신의 행위를 지켜보고는 그야말로 방송 제목처럼 아이가 싹 달라졌습니다. 참으로 놀라운 일이었습니다. 자신의 행위를 지켜본다는 것이 '저렇게 위력이 있구나.' 하고 새삼 느꼈습니다. 다시 말해 자각하면서 하는 행위와 그렇지 않은 행위는 전혀 달랐습니다.

위빠사나가 바로, 아이가 자신의 행위를 지켜보았듯이, 자신의 몸과 마음을 지켜보면서 알아차리는 명상입니다. 지금 이 순간 몸과 마음에서 일어나고 사라지는 현상들을 좋아하거나 싫어함 없이, 있는 그대로를 알아차리는 명상입니다. 위빠사나의 자기 바라보기는 몸과 마음의 정화라는 특수한 기능을 거치면서 눈이 녹듯이 얼음이 녹듯이 고통들이 녹아내리며, 수행자를 평화롭고 행복하게 만듭니다. 그래서 위빠사나 명상을 하면 아이가 달라지는 것처럼, 고통스러운 삶이 싹 달라집니다.

위빠사나란

산스크리트어로 위(vi)는 '모든 것'·'다양한'·'특별히'라는 뜻이고, 빠사나(passanā)는 '꿰뚫어 보다'·'똑바로 알다'라는 뜻으로, '위빠사나(vipassanā)'는 몸과 마음의 모든 것을 꿰뚫어 지켜보는 명상입니다. 그리고 붓다께서 자주 언급하신 사띠빠타나의 사띠(Sati)는 '현재에 대한 주의 집중', '분명한 알아차림', '충분히 깨어 있음'을 의미합니다. 빠타나(Patthana)라는 말은 '긴밀하고', '확고하며', '흔들리지 않는 확립'의 뜻을 가집니다. 사띠빠타나는 지금 이 순간, 몸과 마음을 충분히 깨어 있음으로써 확고하게 꿰뚫어 지켜보며 알아차리는 명상입니다.

알아차림은 붓다께서 고통으로부터 자유로워지는 방법으로 제시하신 팔정도八正道 가운데 하나입니다. 팔정도는 바른 견해, 바른 사유, 바른 말, 바른 행위, 바른 생계, 바른 정진, 바른 마음챙김, 바른 삼매입니다. 팔정도의 일곱 번째인 바른 마음챙김은 바른 알아차림으로서 몸과 마음에서 몸을 알아차리고, 느낌을 알아차리고, 마음을 알아차리고, 법을 알아차리면서 머무는 것입니다. 이렇게 붓다께서는 '나'라는 존재를 먼저 몸, 느낌, 마음, 법들로 해체해서, 그것은 무상無常하고, 괴로움(苦)이고, 무아無我라는 자연성을 통찰하기를 설하셨습니다. 위빠사나의 알아차림은 생로병사生老病死라고 하는 굴레로부터 벗어날 수 있을 뿐만 아니라 최상의 행복과 평화로움을 경험할 수 있는 방법입니다.

알아차림을 하는 방법

신수심법身受心法인 몸, 느낌, 마음, 법을 있는 그대로 알아차리는 것부터 시작합니다. 호흡인 배의 부름과 꺼짐을 기본으로 하여 행주좌와行住座臥라고 하는 걸을 때, 머물 때, 앉아 있을 때, 누워 있을 때 등 몸의 일상적인 모든 움직임과 변화, 느낌들을 지켜보며 알아차리고, 마음에서 일어나고 사라지는 생각들을 알아차리고, 좋아하고 싫어하는 감정이나 변화, 느낌들을 지켜보며 알아차립니다. 그냥 단순하게 판단이나 분석 없이, 좋아하고 싫어함 없이, 몸과 마음에서 생겨나는 대로 느껴지는 대로 있는 그대로를 알아차립니다.

그래서 일어날 때는 일어남을 알아차리면서 일어나고, 앉을 때에는 앉음을 알아차리면서 앉습니다. 문을 열 때는 문을 여는 것을 알아차리면서 열고, 문을 닫을 때에는 문을 닫는 것을 알아차리면서 닫고, 신을 신을 때에는 신을 신는 것을 알아차리면서 신고, 신을 벗을 때에는 신을 벗는 것을 알아차리면서 벗습니다. 길을 걸을 때, 시선은 자기 키 높이만큼의 앞을 바라보며 왼발과 오른발을 알아차리면서 걷고, 하늘을 보거나 주변을 둘러보지 않습니다. 양치를 할 때에는 양치를 하고 있음을 알아차리면서 하고, 세수를 할 때에도 세수를 하고 있음을 알아차리면서 합니다.

수행처에서 알아차림을 하다보면 새 소리가 자주 들리곤 합니다. 그러면 좋아서 마음이 새에게로 달려가곤 했습니다. 그리고 냄새가 느껴지면, '뭘 만드나? 맛있겠다.' 하며 상상을 했습니다. 이외에 주변에서 시끄러운 소리가 들려오면, 그 사람을 바라보며 싫어하기도 했습니다. 물론 알아차림의 대상에서 벗어난 것입니다. 알아차림은 다른 사람들이나 핸드폰과 같은 주변이 아니라 오직 자신의 몸과 마음만을 집중적으로 관찰하며 알아차리는 것입니다.

이런 수행의 과정이 처음에는 좀 어렵게 느껴졌습니다. 그래서 처음에는 쉽지 않았지만, 알아차림을 계속하다 보니, 시간이 지나서는 자연스럽게 알아차림이라는 새로운 습관이 만들어지면서 수월해졌습니다. 그래서 할 수 있는 만큼만 하면서 점점 더 잘해 나가기 위해 노력하는 방식으로 하면 좋습니다.

명상은 크게 좌선, 행선, 생활 명상으로 분류합니다. 좌선은 말

그대로 앉아서 몸과 마음을 알아차리는 명상이고, 행선은 가볍게 걸으면서 알아차리는 걷기명상입니다. 그리고 생활 명상은 좌선과 행선을 뺀 나머지 일상의 모든 움직임을 알아차리는 명상입니다. 수행처에서 알아차림에 몰입하는 명상은 집중 수행이라 하고, 가정이나 일터에서 일을 병행하며 하는 명상은 기본 수행이라고 합니다.

몸과 마음의 자연성을 알아차려라

좋아하거나 싫어함, 혹은 빨리 하겠다거나 느리게 하겠다는 마음이 가미되지 않은, 그래서 있는 그대로 몸과 마음의 자연성을 계속해서 알아차려 보면, 몸에서는 작고 미세한 움직임들이 멈추지 않고 계속되는 것을 느낄 수 있습니다. 마음 역시도 잠시도 쉬지 않고 좋아하고 싫어하는 망상의 생각할 거리들을 만들어냅니다. 이렇게 몸이 존재하는 방식이 있고, 마음이 존재하는 방식이 있습니다. 그리고 몸에 통증이 느껴지면, 몸이 반응하는 방식이 다르고, 마음이 반응하는 방식이 다릅니다. 또한 몸은 마음의 작용에 따라 반응하는 나름대로의 방식이 있고, 마음 역시 몸의 작용에 따라 반응하는 나름대로의 방식이 있습니다. 다시 말해 몸과 마음은 하나라고 하지만, 그러나 진실眞實은 몸과 마음은 분리되어 있음을 느낄 수 있습니다.

이렇게 있는 그대로 몸과 마음의 자연성을 계속해서 알아차리다 보면, 근심·걱정·두려움·슬픔·분노 등과 같은 고통의 감정들에게 휘둘리지 않고 초연하게 바라볼 수 있게 되는데, 이런 수행의 진보를 위해서는 몸과 마음을 있는 그대로 알아차리는 것이 좋습니다. 좋아하거나 싫어하는 감정에 충실하기보다는 좋아하거나 싫어하는 것을 있는 그대로 정확히 알아차리는 것이 중요합니다. 그래서 알아차림이 자연스럽게 물이 흐르듯 저절로 되면 몸과 마음의 본래의 자연성인 무상無常, 고苦, 무아無我라고 하는 지혜가 이해로 다가옵니다. 그러면 지금까지 살아온 삶이 달라집니다. 평화롭고 행복하게요.

2장

위빠사나의 좌선

주변에는 의외로 명상에 관심을 가지고 있는 사람들이 많더군요. 저 역시 마음에 관심을 가지면서 명상을 시작하게 되었습니다. 위빠사나를 만나기 전, 여러 종류의 명상 경험이 있습니다. 생전 처음 해 본 명상은 책에서 배운 대로 촛불을 바라보며 집중하는 것이었습니다. 이외에 실눈을 뜨고 하는 명상, 벽의 점을 바라보는 명상 등을 경험해 보았습니다. 그러다 붓다의 위빠사나 명상을 만나게 되었습니다.

편안함보다 중요한 바른 자세

좌선에는 평좌, 반가부좌, 결가부좌 등 여러 가지 방법이 있습니다. 물론 본인이 선호하는 방법으로 하면 됩니다. 개인적으로는 다리를 앞뒤로 놓고 하는 평좌를 하는데, 이럴 경우에는 오랜 시간 좌선을 하기 때문에 왼발과 오른발의 위치를 앞뒤로 하면서 교대로 하는 것이 좋습니다. 그리고 엉치(엉덩이) 뼈가 바닥에 닿아 균형을 잡을 수 있도록, 앉은 자세의 중심인 엉치뼈는 바닥에 닿게 한 상태로 앉는 것이 좋습니다. 그리고 앉아서 뒤로 넘어가는 듯한 것을 막아 주는 지지대를 사용하는 것도 좋습니다. 허리띠는 늦추어 배의 부름과 꺼짐을 편안하게 할 수 있도록 하고, 몸은 전후좌우로 움직여서 허리를 바르게 세우고, 힘이 들어가지 않도록 이완을 시킵니다. 허리는 들어 바로 세운다는 느낌으로 앉습니다. 앉아 있는 몸의 무게는 전체로 분산되어 있되, 몸의 중심은 회음(생식기와 항문 사이)에 둡니다. 그러면 허리는 살짝 들어간 상태가 됩니다. 이렇게 자리에 바르게 앉아, 혀는 윗니와 입천장 사이에 대고, 자연스럽고 편안한 상태로 눈을 감고, 손은 손바닥이 하늘을 향하도록 하여 두 무릎 위에 올려놓습니다.

실제로 좌선 시 수행의 진보가 있었다는 생각이 들 때마다 느껴지는 것은, 자세가 바르고 편안하면서도 엉덩이가 바닥에 착 달라붙어 있다는 느낌입니다.

좌선하는 방법

이렇게 자리에 바르고 편안하게 앉아서 아랫배(배꼽 아래)에 집중하며, 숨을 들이마시면서 배가 불러가는 과정은 '부름'으로 명칭을 붙이며 알아차리고, 숨을 내쉬면서 배가 꺼져가는 과정은 '꺼짐'으로 명칭을 붙이며 알아차립니다. 이렇게 명칭을 이용하는 이유는, 자꾸만 다른 생각을 하려는 마음을 다잡아 알아차림의 대상인 배의 부름과 꺼짐에 좀 더 집중하기 위해서입니다. 처음 좌선을 하면서 배를 부풀렸다가 오므리는 것이 쉽지 않을 수 있습니다. 그러면 손을 배에 대고 인위적으로 배를 부풀렸다가 오므리는 것을 연습하면 좋습니다. 배의 부름과 꺼짐을 알아차릴 때에는 배의 모양이 아니라 배가 부르고 꺼지는 과정에서 느낄 수 있는 압력감이나 느낌입니다. 그리고 의도적으로 호흡을 빠르게 하거나 느리게 하는 것이 아니라 있는 그대로의 호흡을 알아차립니다.

이렇게 배의 호흡을 부름과 꺼짐으로 명칭을 붙이며 알아차리다가 마음에서 생각이 일어나면, 있는 그대로 '생각함' 하고 명칭을 붙이며 마음이 생각을 하고 있음을 알아차리고, 다시 배의 부름과 꺼짐을 알아차립니다. 누군가를 생각하며 그리워하면, 있는 그대로 '그리워함' 하고 명칭을 붙이며 마음이 그리워하고 있음을 알아차리고, 다시 배의 부름과 꺼짐을 알아차립니다. 마음이 누군가의 이야기 소리를 듣고 있으면 '들음' 하고 명칭을 붙이며 있는 그대로를 알아차리다가 다시 배의 부름과 꺼짐을 알아차립니다. 만약 마음이 이런저런 생각으로 방황을 한다면, 있는 그대로 '방황' 하고 명칭을 붙이며 마음이 방황하고 있음을 알아차리고, 다시 배의 부름과 꺼짐을 알아차립니다. 입에 침이 많아 삼키려 한다면, 삼키려는 의도를 알아차리고 삼키면서 '삼

킴' 하고 명칭을 붙이며 있는 그대로의 상황을 알아차리다 다시 배의 부름과 꺼짐을 알아차립니다. 그리고 좌선을 끝내려고 한다면, 그 의도를 알아차리면서 몸이 좌선 자리에서 일어나는 움직임들을 순서대로 정확히 알아차립니다. 그래서 좌선을 시작하면서 끝나는 시간까지의 모든 움직임이나 느낌, 마음에서 일어나고 사라지는 생각들을 가능한 모두 있는 그대로를 알아차리는 것이 좋습니다.

고통이 어떻게 변화하는지 지켜보라

만약 몸에서 가려움이 느껴진다면 가려움을 지켜보면서 가려움이 심해지는지 아니면 약해지는지를 알아차립니다. 계속 변화가 없다면 다시 배의 부름과 꺼짐을 알아차립니다. 그러나 가려움이 견디기 힘들거나 알아차림에 방해가 된다면 알아차리면서 조치를 취한 후 다시 배의 부름과 꺼짐을 알아차립니다. 마찬가지로 몸에 통증이 느껴지면 통증을 지켜보면서 통증이 심해지는지 아니면 약해지는지를 알아차립니다. 계속 변화가 없다면 다시 배의 부름과 꺼짐을 알아차립니다. 그러나 통증이 견디기 힘들거나 알아차림에 방해가 된다면 알아차리면서 자세를 바꾸는 등의 조치를 취한 후 다시 배의 부름과 꺼짐을 알아차립니다. 가려움, 통증, 따가움, 더움, 추움, 지루함, 방황하는 마음 등의 불편한 상황들에서 벗어나는 것이 아니라, 그 상황들을 알아차려 고통이 어떻게 변화하는지를 지켜보는 것이 중요합니다.

경험적으로는 오랜 시간 좌선을 하다 보면, 타성에 젖어서 건성으로 명칭을 붙이며 알아차릴 때가 종종 있었습니다. 그리고 마음이 하는 생각 놀이에 빠져드는 경우가 많았습니다. 그러면 많은 시간이 헛되이 낭비되었습니다. 그래서 몸과 마음에서 일어나고 사라지는 현상들을 좋아하고 싫어함 없이 있는 그대로 지켜본다는 느낌으로 정확히 알아차리려고 노력했습니다. 감정에 충실하기보다는 몸과 마음에서 일어나고 사라지는 현상들을 있는 그대로 정확하게 몰입해서 알아차리는 것이 중요합니다.

좌선에서의 중심점은 늘 배의 부름과 꺼짐입니다. 그래서 몸에서 움직임이나 느낌 같은 변화가 있으면 있는 그대로를 알아차리고, 사라지면 다시 배의 부름과 꺼짐을 알아차립니다. 마찬가지로 마음에서 생각이나 감정이 일어나는 어떤 변화가 있으면, 있는 그대로를 알아차리다가 사라진 것을 알아차리게 되면 다시 배의 부름과 꺼짐을 알아차립니다.

배의 부름과 꺼짐은 늘 기본이다

수행력이 쌓여 수행이 진보하면 배의 부름과 꺼짐이 느껴지지 않을 수 있습니다. 그러면 허리에서 엉덩이까지의 느낌을 '앉음' 하고 명칭을 붙이며 알아차리고, 다리부터 발까지의 느낌은 '닿음' 하고 명칭을 붙이며 알아차립니다. 무엇이든 할 수 있는 만큼만 알아차리면 됩니다. 저는 허리에서 엉덩이까지 알아차리기가 버거웠습니다. 그래서 엉덩이 접촉 부분의 느낌만을 알아차렸습니다. 마찬가지로 닿음을 알아차릴 때에도 다리에서 발까지 알아차리는 것이 버거워서 다리의 느낌만 알아차렸습니다.

이렇게 '앉음, 닿음'을 알아차리는 도중에 다시 배의 호흡이 느껴진다면 언제든 다시 배의 부름과 꺼짐을 알아차립니다. 개인적으로는 이런 경우 수행이 퇴보한 것 같아 싫어하는 마음이 일어나기도 했습니다. 사실은 진보의 한 과정인데, 그때는 몰랐습니다.

좌선에서 기본은 배의 부름과 꺼짐입니다. 그래서 '앉음, 닿음'을 알아차리건, 아니면 수행이 더 진보해서 '앎'을 알아차리건, 배의 부름과 꺼짐이 느껴진다면 언제든 배로 돌아와 다시 배의 '부름과 꺼짐'을 알아차립니다.

위빠사나의 알아차림이란 자신의 몸과 마음을 있는 그대로 지켜보며 알아차리는 명상입니다. 그저 생겨나는 대로, 있는 그대로 몸과 마음을 정확히 꿰뚫어서 알아차리는 것이 좋습니다. 그래서 더우면, 더워하고 있음을 알아차리고, 외로우면 외로워하고 있음을 알아차리고, 행복하면 행복해하고 있음을 알아차립니다. 그러면 고통이나 기쁨에 몸과 마음이 반응하는 나름대로의 방식이 자연스럽게 이해로 다가옵니다. 뿐 아니라 마음에게 휘둘리는 것이 아니라 도리어 고통을 만들어내는 그 마음을 평안하게 바라볼 수 있습니다. 삶이 평화롭고 행복합니다.

3장

위빠사나의 행선(걷기 명상)

일상에서의 걸음은 마음에 의해 이리저리 끌려다니면서 마냥 걷게 됩니다. 이때 마음은 주변의 모습들을 살피기에 여념이 없거나 아니면 이미 목적지에 가 있습니다. 그러나 명상을 하면서부터는 달라졌습니다. 천방지축인 마음에게 끌려다니듯 걸어가는 것이 아니라 발이 어떻게 움직이며 걸어가는지를 지켜보며, 발걸음 하나하나를 알아차리며 걸었습니다. '오른발', '왼발' 하고 명칭을 붙이며 걷는 것은 단순한 일입니다. 그런데 이것은 삶에서 기적을 만드는 시작이었습니다.

행선하는 방법

그냥 평소처럼 자연스럽고 편안하게 걷습니다. 오른발이 움직일 때에는 '오른발' 하고 명칭을 붙이며 오른발이 움직이는 과정을 알아차리고, 왼발이 움직일 때에는 '왼발' 하고 명칭을 붙이며 왼발이 움직이는 과정을 알아차립니다. 여기서 명칭을 붙

이는 이유는, 운동장에서 뛰어 놀다 교실에 들어가서 수업에 좀
더 집중하기 위해서는 마음을 가라앉혀야 하는 것처럼, 행선을
시작하면서 이런저런 움직임으로 인해 산란했던 마음을 가라앉
히고, 행선을 하겠다는, 그래서 마음을 발에 모으기 위해서입니
다. 움직이는 발이 어떻게 움직이며 걸어지는지 그 과정을 지켜
본다는 느낌으로, 발에서 느껴지는 느낌이나 감각들을 한 발 한
발 정확히 알아차리며 걷습니다.

경험적으로 보면, 알아차리는 범위가 넓을수록 집중력이 분산
되어 집중력을 기르기 어렵고, 고요가 개발되기도 어려웠습니
다. 그래서 발목 밑으로 발의 느낌을 집중적으로 알아차렸습니
다. 이렇게 발걸음을 알아차리다가 몸에서 느낌 같은 변화가 있
으면 있는 그대로를 알아차리고, 사라지면 다시 발걸음에 명칭
을 붙이며 알아차렸습니다. 마찬가지로 마음에서 상상이나 망
상, 기억 등과 같은 생각이 일어나면, 있는 그대로 생각하고 있음
을 알아차리면서 다시 발걸음에 명칭을 붙이며 알아차렸습니다.
걸을 때 팔이 움직이면, 집중력이 분산되어 발걸음에 집중이 덜
되었습니다. 그래서 손은 뒤로 모아 두 손을 마주 잡았습니다. 아
니면 편한 대로 앞으로 두 손을 잡거나 팔짱을 끼는 것도 좋습니
다. 시선은 자기 키 높이만큼의 앞을 바라보고, 허리는 바르게 세
웁니다.

개인적인 경험으로는, 행선길의 끝자락에서 먼 산을 바라보거

나 하늘을 보고 주변을 두리번거리게 되는 경우가 종종 있었습니다. 행선에서는 이것이 가장 큰 유혹이었습니다. 그래서 행선길의 끝자락에서는 오직 걷는 발걸음의 움직임과 느낌을 지켜보며 발에 집중하려는 노력을 더 해야만 했습니다. 만약 행선길 끝자락에서 창밖을 자주 내다본다면 수행의 진보는 어렵습니다. 왜냐하면 보는 만큼 집중력이 분산되기도 하지만, 몸과 마음이 아닌 것을 보면서는 법을 볼 수 없기 때문입니다.

행선은 어떤 의지意志 없이 자연스럽게 걸으면서 있는 그대로를 정확히 알아차리는 것이 무엇보다 중요합니다. 그래서 가급적 어떻게 하겠다는 개인적인 의지를 버리고, 있는 그대로를 정확히 알아차리는 것이 좋습니다. 만약 한 걸음 옮기는 과정을 '듦, 내림'의 2단계나 '듦, 감, 내림'이라는 3단계의 기계적인 방식으로 걷는다면 있는 그대로의 자연성(법)은 보기 어렵습니다. 이유는 의도적인 행위에 가려져 있는 그대로의 자연성이 드러날 수 없기 때문입니다. 다시 말해 '듦, 감, 내림'을 하면서는 깊이 있는 수행의 진보는 어렵습니다. 그저 발이 어떻게 움직이는지, 어떤 느낌이 느껴지는지를 지켜보며 걷는 것이 좋습니다. 위빠사나의 알아차림이란 궁극적으로 마음의 의지가 가미되지 않은, 그래서 몸과 마음이 본래부터 가지고 있는 자연성이 드러나는 과정이기 때문입니다.

행선에서 속도는 수행력이다

걷기 명상에서 속도는 조절하지 않고, 되는 대로 자연스럽게 걷는 것이 좋습니다. 마음이 들뜨거나 화가 나 있다면 발걸음의 속도는 빠를 수 있고, 평안한 상태라면 느릴 수도 있습니다. 상관없습니다. 발의 움직임과 느낌을 있는 그대로 알아차리면서 계속해서 걷다 보면, 마음속의 들뜸·분노·걱정·차분하지 않음, 스트레스 등이 사라지면서 속도는 자연스럽게 느려집니다. 마음이 순화되고 있다는 뜻입니다. 이것이 명상입니다.

오토바이가 빠르게 지나가면 오토바이나 운전자에 대한 자세한 정보는 알기가 어렵습니다. 그러나 오토바이가 천천히 지나가면 많은 것을 볼 수 있습니다. 마찬가지로 행선의 속도가 느려져야 지수화풍이라는 자연성을 볼 수 있습니다. 왼발·오른발에 집중하여 계속해서 알아차리면 알아차릴수록 행선의 속도는 저절로 느려지고, 그러면 자연스럽게 많은 법들이 일어나고 사라지는 것을 볼 수 있습니다. 그러나 오랜 시간 행선을 해도 정확한 알아차림을 하지 않거나 건성으로 알아차린다면, 걸음의 속도는 느려지지 않습니다. 또한 자기만의 특이한 걸음의 틀을 고집하거나 힘이 너무 들어가도 걸음의 속도는 느려지지 않습니다. 그래서 자신의 발걸음이 일자로 걷는지 팔자로 걷는지, 아니면 느린지 빠른지를 있는 그대로 지켜보는 것이 좋습니다. 예쁘게 걷겠다거나 정성껏 걷겠다는 등 어떻게 걷겠다는 마음조차도 내려놓고 어떻게 걸어지는지, 어떤 느낌이 느껴지는지를 지켜보면서 자연스럽게 걷는 것이 좋습니다. 깊이 있는 수행의 진보는 빠르게 걷겠다거나 느리게 걷겠다는 마음이 개입되지 않은, 있는 그대로를 정확히 알아차릴 때에 이루어지기 때문입니다. 행선에서 속도는 수행력입니다.

고통을 지켜보는 것이 수행이다

수행을 하면서 자주 느끼는 감정은 지루함입니다. 물론 다른 감정들도 경험하지만 오랜 시간 수행을 하다 보면 지루함을 자주 느끼곤 합니다. 그런데 행선은 조금만 움직이면 지루함으로부터 쉽게 벗어날 수 있습니다. 그래서 창밖을 둘러보거나 운동이나 기지개를 켜는 등의 행동들을 하게 됩니다. 그리고 심지어는 행선길을 두세 번 왕복하고는 밖으로 나가거나 아니면 좌선 자리로 가기도 합니다. 이렇게 지루할 때마다 밖으로 나가거나 다른 행동들을 한다면 지구력은 기를 수 없습니다.

위빠사나 수행은 고통의 감정이 일어나는 그 순간을 알아차리는 것입니다. 지루할 때 지루함을 알아차려야 지루함을 견뎌내는 수행력이 생겨나고, 힘들 때 힘든 것을 알아차려야 힘든 것을 견뎌내는 지구력이 생겨납니다. 이 과정을 통해 고통의 본질을 이해하면서 수행자는 성장해 갑니다. 만약 지루하거나 피곤할 때마다 법당 밖으로 나가 쉰다면 수행력은 키울 수 없습니다. 고통을 있는 그대로 지켜보는 것이 수행입니다. 그래서 행선을 시작하는 시간부터 끝내는 시간까지, 있는 그대로의 몸과 마음을 정확히 꿰뚫어 많이 알아차릴수록 수행의 진보 측면에는 유리합니다.

걸음걸이가 자연스럽게 느려지도록

명상은 정적인 행위입니다. 행선은 동적인 행위입니다. 그러나 행선을 통해 동적인 행위가 정적인 명상으로의 전환이 일어납니다. 이것은 또한 모든 일상생활까지 연결이 되어 움직임이 많은 동적인 일상생활이 정적인 명상으로 변환이 되는 구심점 역할을 합니다. 행선은 생활 명상의 기초이며, 집중력을 향상시킬 수 있는 방법입니다. 또한 알아차릴 것이 단순해서 무아無我를 경험할 수 있는 쉽고 빠른 방법이기도 합니다.

늦었다고 생각하고 걸으면, 발걸음에 바쁘다는 느낌이 채색이 되어 버립니다. 그래서 행선을 하면서는 어떻게 걷겠다는 의지조차도 내려놓고, 물의 흐름처럼 자연스럽고 편안하게 걷는 것이 좋습니다. 수다원(깨달음을 성취한 성인; 수다원, 사다함, 아나함, 아라한)을 다른 말로 '흐름에 든 분'이라고도 합니다. 이 흐름을 찾는데, 행선은 좀 더 적극적으로 다가가게 합니다. 누구나 이 흐름을 찾을 수 있습니다. 그러니 모든 의지를 내려놓고 자연스럽게 걸어 보십시오. 정성껏 걷겠다거나 열심히 하겠다는 의지조차도 내려놓고 걸어 보십시오. 그러면 걸음걸이가 자연스럽게 느려지면서 '지수화풍'이라는 자연성을 보는, 기적을 경험할 수 있습니다.

4장
위빠사나의 기본 수행

헬스장에서 함께 운동하던 분이 좋은 책을 여러 차례 권해 주어서 읽었습니다. 그분은 독서 모임에도 초대해 주어 참석을 하였습니다. 그리고 이것이 계기가 되어 전시 모임에도 참석하였습니다. 독서 모임과 전시 모임에서 여러 분들과 인사하는 과정에서 위빠사나 명상을 하고 있다고 이야기하자 의외로 많은 분들이 관심을 가지며 명상에 관한 여러 가지 질문을 하였습니다. 그 중에 '가족들을 돌보면서 어떻게 명상을 할 수 있는지'에 대한 답으로 제시했던 방법과, 집중 수행을 마치고 떠나는 수행자들에게 권한 방법을 정리하여 기본 수행으로 명명해 보았습니다. 기본 수행은 가족들과 함께 지내면서 혹은 일터에서 일을 하면서 가볍게 할 수 있는 명상입니다.

사실 명상을 하고 싶지만, 돌보아야 할 자녀가 있거나 환자가 있다면 쉽지 않습니다. 또한 부양의 의무가 있어도 쉽지 않습니다. 어쨌든 집중적으로 명상을 할 수 없는 나름대로의 사정이 있다면, 기본 수행이라도 한다면, 감정에 휘둘리는 삶에 도움이 될 수 있습니다.

일상에서 하는 행선

학교에 가고 회사에 가고 모임에 가는 등의 모든 발걸음을 '왼발, 오른발' 하고 명칭을 붙이며 알아차립니다. 마음은 잠시도 쉬려 하지 않습니다. 그래서 걸을 때조차도 걱정이나 스트레스, 짜증스러웠던 일들을 되새기며, 더 많은 고민들을 하게 됩니다. 이럴 때 '왼발, 오른발' 하고 움직이는 발에 명칭을 붙이며 알아차리면서 걷습니다.

처음에 걱정을 하거나 화가 난 상태로 걸으면 속도가 조금은 빠를 수 있습니다. 그러나 계속 '왼발, 오른발' 하고 명칭을 붙이며 발걸음을 알아차리면서 걷다 보면 속도는 자연스럽게 느려지고 편안해져 가는 자신을 발견할 수 있습니다. 여기서 명칭을 붙이는 이유는, 걱정을 하거나 화가 난 마음을 발걸음에 집중시켜 알아차리게 함으로써 걱정이나 화로부터 벗어나 평안하기 위해서입니다. 그래서 일상에서는 가능한 한 늘 명칭을 붙이며 발걸음을 알아차리는 것이 좋습니다. (좀 더 상세한 방법은 위빠사나의 행선 참고) 경험적으로 보면 행선은 일상에서 알아차림의 기본 틀을 유지하게 합니다. 그래서 일상에서 걸을 때마다 늘 발걸음에 명칭을 붙이며 알아차리는 습관을 들이는 것이 좋습니다.

좌선

　아침에 잠자리에서 깨어나면 좌선을 합니다. 자리에 편안하게 앉아서 아랫배에 집중하여, 배가 불러가는 과정은 '부름'으로 명칭을 붙이며 알아차리고, 배가 꺼져가는 과정은 '꺼짐'으로 명칭을 붙이며 알아차립니다. 생각이 일어나면, '생각함' 하고 명칭을 붙이며 마음이 생각하고 있음을 알아차리고, 다시 배의 부름과 꺼짐에 명칭을 붙이며 배의 움직임을 알아차립니다. 몸에서 가려움이 느껴지면, 있는 그대로 '가려움' 하고 명칭을 붙이며 가려움을 알아차리다가 가려움이 사라지면 다시 배의 호흡을 부름과 꺼짐으로 명칭을 붙이며 알아차립니다. 바쁘다면 10분이나 20분이라도 하는 것이 좋습니다. 밤에는 좌선을 하다가, 잠자리에 들면 와선을 하며 잠에 듭니다. 와선을 하면서 편안함이 느껴지면 '편안함' 하고 명칭을 붙이며 알아차리고, 편안함에 변화가 없다면 다시 배의 부름과 꺼짐에 명칭을 붙이며 배의 움직임을 알아차립니다. 일상에서는 아무래도 생각이 많기 때문에 명칭은 가능한 한 늘 붙이는 것이 유리합니다.

　명상을 하면서 잠이 들면 몸과 마음이 이완되는 알파파인 명상파 상태에서 숙면을 취하게 됩니다. 또한 하루를 마감하는 시간과 깨어나는 시간에 알아차림을 함으로써 삶이 좀 더 고요하고 평안할 수 있습니다.

고통의 감정 알아차리기

평소에 자신이 가장 자주 경험하는 고통스러운 감정 알아차리기입니다. 예를 들어 습관적으로 화를 내는 사람은 '분노 알아차리기', 또는 습관적으로 걱정을 하는 사람들은 '걱정 알아차리기'입니다. 이외에 두려움, 우울, 슬픔, 짜증, 외로움 등 고통의 감정들을 선택해서 알아차리는 것도 좋습니다. 그리고 습관적인 어떤 말과 행동으로 인해 어려움이 있다면 마찬가지 방법으로 알아차리면 좋습니다.

사실 삶의 질을 가장 많이 떨어뜨리는 것이 마음이 만들어내는 고통스러운 감정입니다. 그래서 몸이 아픈 것을 마음이 받아들이면 평안할 수 있지만, 받아들이지 못하면 이중고를 겪게 됩니다. 그러나 고통스러워하는 마음을 반복적으로 계속해서 알아차리면 고통을 초연하게 바라볼 수 있는 저력을 키울 수 있습니다. 뿐만 아니라 자신의 결점들을 지켜보면서 다른 사람들을 좀 더 이해하게 되고, 그러면 삶이 조금은 더 평안해집니다. 고통으로부터 점점 더 자유로워져 가는 자신을 발견하게 됩니다.

수행자의 기본 수행

수행자라면 위의 기본 수행 이외에 조금은 더 노력하는 것이 좋습니다. 수행처에서의 기상 시간은 수행처마다 좀 다르긴 하지만 3시에서 4시입니다. 이 리듬에 맞추어, 일상에서 생활 리듬을 미리 습관들이는 것이 좋습니다. 또한 수행처에서는 오후불식이기 때문에 오후에는 가능한 소식을 하는 것이 좋습니다. 이렇게 일상에서는 수행의 기본 틀을 유지하면서 집중 수행에서는 알아차림에 몰입하면, 일상에서의 노력의 결과 치들이 더해지면서 좀 더 빠르게 이루어지는 수행의 진보를 경험할 수 있습니다. 수행자에게 기본 수행의 목표는 집중 수행에서 몰입의 알아차림을 좀 더 잘하기 위한 준비 과정입니다.

5장
위빠사나의 생활 명상

언젠가 차 명상하는 모습을 신문에서 본 적이 있는데, 그 모습이 고결하면서도 참으로 아름다워 보였습니다. 사실 자리에 앉아서 차를 마시는 생활 명상은 움직임이 단순하여 알아차림을 하기가 수월합니다. 그런데 이외에 다른 움직임들은 알아차리는 것이 쉽지만은 않습니다. 아니 어렵습니다. 그래서 지금부터는 수행처에서 생활 명상을 좀 더 잘할 수 있는 방법들에 대해 살펴볼까 합니다.

선택해서 집중적으로 알아차린다

처음부터 모든 걸 잘하기는 어렵습니다. 경험적으로 보면, 집중 수행 초에는 문을 여는 것이나 세수하는 것 등 일상에서의 움직임들을 알아차리는 것이 엄두가 나질 않았습니다. 그래서 일상의 움직임 중에 하나를 먼저 선택해서 집중적으로 알아차리다가 좀 수월해지면 또 다른 하나를 선택하여 다시 집중적으로 알아차리면서, 순차적으로 모든 일상의 움직임들을 알아차림으로 이끌어 가는 방식으로 노력하였습니다. 예를 들어 세수하는 것을 알아차리기로 결정했다면, 세수할 때마다 알아차리기를 좀 더 노력하는 것입니다. 제대로 알아차리게 될 때까지요. 이렇게 해서 세수할 때의 알아차림이 좀 수월해지면, 그 다음은 머리를 빗을 때, 그 다음은 양치할 때 등등, 일상의 모든 움직임을 순차적으로 알아차려 가는 방식입니다. 이렇게 계속하다 보니 자연스럽게 더 많이 알아차리게 되었습니다. 그리고 개인적인 경험으로 보면, 생활 명상에서 알아차림은 움직임이 적을수록, 단순할수록 유리합니다.

눈과 귀, 입의 단속이 중요하다

명상은 세상이 아니라 자신의 내면을 바라보는 작업입니다. 때문에 세상과 소통하는 방법인 눈과 귀, 그리고 입의 단속이 중요합니다. 그래서 집중 수행 중에는 하늘을 보아서는 안 되고, 호수나 들녘을 보아도 안 되며, 주변을 둘러보거나 두리번거려서도 안 됩니다. 시선은 발걸음으로 자기 키만큼의 앞을 보고, 오직 자신의 몸과 마음만을 알아차리는 것이 좋습니다. 소리가 들리면 마음이 소리에 어떻게 반응하는지를 알아차리고, 마음이 소리가 난 곳으로 가지 않도록 단속을 합니다. 그리고 집중 수행 중에는 묵언을 유지하는 것이 좋습니다. 대화를 하면, 그 순간 내면을 바라보는 알아차림에는 소홀할 수밖에 없습니다. 뿐만 아니라 상대방의 알아차림에도 방해가 됩니다.

자애관

"멀리 있거나 가까이 있거나, 태어났거나 태어날 모든 생명체가 평화롭고 행복하기를 빕니다. 지구에 있는 생명체, 우주에 있는 생명체 모두 평화롭고 행복하기를 빕니다. 수행자들이 깨달음을 성취하길 빕니다." 등등의 방식으로 원하는 모든 생명체에게 행복과 평화를 빌어 주는 자애관은 매일 하는 것이 좋습니다.

살아 있는 모든 생명체의 행복을 바라는 선한 마음으로 자애관을 하게 되면, 마음이 조금 더 평안해서 본인에게 이롭습니다. 그리고 악몽 없이 편하게 잠을 잘 수 있을 뿐만 아니라 알아차림을 하기도 더 수월합니다. 선한 마음은 도리어 자신을 보호합니다. 때문에 자애관은 할 수만 있다면 가능한 자주 하는 것이 좋습니다. 그래서 개인적으로는 좌선을 시작하기 전에는 늘 자애관을 합니다.

수행처에서의 생활

①수행처는 많은 사람들이 함께 생활하는 공동생활 공간입니다. 때문에 다른 사람들과 부딪히는 일이 있을 수 있습니다.

그러나 배려를 통해 서로에게 불편을 주지 않을 때, 생활은 더 수월해지고 수행도 순조롭게 진행할 수 있습니다.

②자기가 좋아하거나 혹은 싫어해서 하는 행동이 다른 사람들에게 피해가 된다면, 성숙하지 못한 행동입니다. 그래서 더워서 창문을 열 때에는 추위하는 사람도 있다는 것을 배려하면서 열고, 추위서 창문을 닫을 때에는 더워하는 사람도 있다는 것을 배려하면서 닫습니다.

③밤에 좌선이나 행선을 할 때, 조금 어두운 것을 선호하는 사람이 있는가 하면, 조금은 밝은 것을 선호하는 사람이 있습니다. 이럴 때 자신의 선호도를 주장하기보다는 다른 사람들의 선택에 적응하는 것이 좋습니다.

④물을 마시거나 하는 등등의 여러 가지 움직임으로 인해서 가능한 소리가 나지 않도록 하는 것이 좋습니다.

⑤느린 움직임의 수행자를 만난다면 피해 주는 것이 좋습니다. 반대로 느린 움직임의 수행자는 식당과 같이 함께 이동하는 곳에서는 다른 수행자들에게 피해가 되지 않도록 속도를 조금은 더 빠르게 하는 것이 좋습니다.

⑥수행처에서는 핸드폰을 사용하거나 운동은 하지 않습니다. 책도 보아서는 안 됩니다.

⑦다른 사람들의 수행에 방해가 되지 않도록 하는 것은 자신의 수행보다 더 중요합니다. 업으로부터 자유로운 사람은 없기

때문입니다.

수행의 완성은 생활 명상

좌선과 행선, 그리고 생활 명상 가운데 가장 어려운 것이 생활 명상입니다. 좌선이나 행선은 움직임이 단순하여 알아차림을 하는 데 큰 어려움 없이 시작할 수 있지만, 생활 명상은 움직임이 많고 빠르기 때문에 알아차림을 하기가 쉽지 않습니다. 경험적으로 보면, 생활 명상은 아무리 잘해도 집중력을 키우기는 어렵습니다. 뿐만 아니라 집중력 상태를 유지하기도 쉽지 않습니다. 몸과 마음이 아닌 것을 바라보면서 해야만 하는 작업이니 당연하다고 생각됩니다. 그렇다고 해서 생활 명상을 하지 않는다면 좌선이나 행선에서 힘들게 만들어진 집중력이 한순간에 날아가기도 합니다. 그래서 생활 명상의 목표는 좌선과 행선에서 만들어진 집중력 상태를 유지하는 것입니다. 수행의 완성은 생활 명상입니다.

집중 수행에서 더 많은 결과물을 얻기 위해서는 첫 번째, 알아차림이 잘 될 때는 알아차림에 좀 더 집중하고, 이런저런 이유로 알아차림을 유지하기가 어려울 때는 청소나 빨래 등과 같이 움직임이 많으면서도 빠른 일들을 하는 것이 좋습니다.

두 번째는, 피아노를 배우든 무용을 배우든 아니면 집을 짓는 기술을 배우든, 처음 기술적인 것을 습득하는 과정은 쉽지 않습니다. 때로는 단련이라는 고된 시간이 필요하기도 합니다. 그러나 적응이라는 단계를 거치면 수월하고 재미있기까지 합니다. 마찬가지로 알아차림의 수행도 처음에는 쉽지 않을 수 있습니다. 그러나 이 역시 적응이라는 단계를 거치고 나면 그 무엇과도 바꿀 수 없는 행복감을 경험하게 됩니다. 이를 위해서는 '할 수 있다.'는 마음가짐으로 멈추지 않는 노력을 해야만 합니다.

세 번째는, 세상에 자신을 사랑하지 않는 사람이 있을까요?! 그럼에도 사람들은 자신을 바라보기보다는 재밋거리나 흥밋거리를 찾아 주변이나 다른 사람들을 바라보기에 전념하고 있습니다. 아파하면서 조차도 자기 바라보기는 하지 않습니다. 그런데 위빠사나의 알아차림이 바로 자신의 내면을 바라봄으로써 자기를 사랑하는 방법입니다. 자신의 몸과 마음을 지켜보면서 슬픔이 느껴지면 슬퍼함을 알아차리고, 외로움이 느껴지면 외로워함을 알아차리고, 아픔이 느껴지면 아파함을 알아차리면서 치유하는 시간입니다. 때문에 집중 수행 중에는 오직 자신의 몸과 마음만을 지켜보면서 알아차림에 몰입하는 것이 좋습니다.

6장

붓다의 말씀

팔정도八正道

"비구들이여, 출가자가 가까이하지 않아야 할 두 가지 극단이 있다. 무엇이 둘인가?

그것은 저열하고, 촌스럽고, 범속하고 성스럽지 못하고, 이익을 주지 못하는 감각적 욕망들에 대한 쾌락의 탐닉에 몰두하는 것과 괴롭고, 성스럽지 못하고, 이익을 주지 못하는 자기 학대에 몰두하는 것이다. 비구들이여, 이러한 두 가지 극단을 의지하지 않고 여래는 중도中道를 깨달았나니 (이는) 안목을 만들고 지혜를 만들며, 고요함과 최상의 지혜와 바른 깨달음과 열반으로 인도한다. 비구들이여, 그러면 어떤 것이 여래가 완전하게 깨달았으며, 안목을 만들고 지혜를 만들며, 고요함과 최상의 지혜와 바른 깨달음과 열반으로 인도하는 중도인가? 그것은 바로 여덟 가지 구성 요소를 가진 성스러운 도이니, 즉 바른 견해, 바른 사유, 바른 말, 바른 행위, 바른 생계, 바른 정진, 바른 마음챙김, 바른 삼매이다."

- 『초전법륜경(S56;11)』

"빤짜시카여, 지금 나의 이러한 청정범행은 전적으로 (속된 것들을) 역겨워함으로 인도하고, 욕망을 빛바램으로 인도하고, 소멸로 인도하고, 고요함으로 인도하고, 최상의 지혜로 인도하고, 바른 깨달음으로 인도하고, 열반으로 인도한다. 그것은 바로 여덟 가지 성스러운 도이니, 그것은 바른 견해, 바른 사유, 바른 말, 바른 행위, 바른 생계, 바른 정진, 바른 마음챙김, 바른 삼매이다."

- 「마하고윈다 경(D19)」

무아경

"비구들이여, 이를 어떻게 생각하는가? 물질은 항상한가, 무상한가?"

"무상합니다. 세존이시여."

"그러면 무상한 것은 괴로움인가, 즐거움인가?"

"괴로움입니다. 세존이시여."

"그러면 무상하고, 괴로움이고, 변하기 마련인 것을 두고 '이것은 내 것이다. 이것은 나다. 이것은 나의 자아이다.'라고 관찰하는 것이 타당하겠는가?"

"그렇지 않습니다. 세존이시여."

"비구들이여. 그러므로 그것이 어떠한 물질이건, 그것이 과거의 것이건 미래의 것이건 현재의 것이건, 안의 것이건 밖의 것이건, 거칠건 미세하건, 저열하건 수승하건, 멀리 있건 가까이 있건 '이것은 내 것이 아니요, 이것은 내가 아니며, 이것은 나의 자아가 아니다.'라고 있는 그대로 바른 통찰지로 보아야 한다."

　　"비구들이여, 이를 어떻게 생각하는가? 느낌은 항상한가, 무상한가?"

　　"무상합니다. 세존이시여."

　　"그러면 무상한 것은 괴로움인가, 즐거움인가?"

　　"괴로움입니다. 세존이시여."

　　"그러면 무상하고, 괴로움이고, 변하기 마련인 것을 두고 '이것은 내 것이다. 이것은 나다. 이것은 나의 자아이다.'라고 관찰하는 것이 타당하겠는가?"

　　"그렇지 않습니다. 세존이시여."

　　"비구들이여. 그러므로 그것이 어떠한 느낌이건, 그것이 과거의 것이건 미래의 것이건 현재의 것이건, 안의 것이건 밖의 것이건, 거칠건 미세하건, 저열하건 수승하건, 멀리 있건 가까이 있건 '이것은 내 것이 아니요, 이것은 내가 아니며, 이것은 나의 자아가 아니다.'라고 있는 그대로 바른 통찰지로 보아야 한다."

"비구들이여, 이를 어떻게 생각하는가? 인식(지식, 철학, 사상, 이념 등)은 항상한가, 무상한가?"

"무상합니다. 세존이시여."

"그러면 무상한 것은 괴로움인가, 즐거움인가?"

"괴로움입니다. 세존이시여."

"그러면 무상하고, 괴로움이고, 변하기 마련인 것을 두고 '이 것은 내 것이다. 이것은 나다. 이것은 나의 자아이다.'라고 관찰하는 것이 타당하겠는가?"

"그렇지 않습니다. 세존이시여."

"비구들이여. 그러므로 그것이 어떠한 인식이건, 그것이 과거의 것이건 미래의 것이건 현재의 것이건, 안의 것이건 밖의 것이건, 거칠건 미세하건, 저열하건 수승하건, 멀리 있건 가까이 있건 '이것은 내 것이 아니요, 이것은 내가 아니며, 이것은 나의 자아가 아니다.'라고 있는 그대로 바른 통찰지로 보아야 한다."

"비구들이여, 이를 어떻게 생각하는가? 의도(行)는 항상한가, 무상한가?"

"무상합니다. 세존이시여."

"그러면 무상한 것은 괴로움인가, 즐거움인가?"

"괴로움입니다. 세존이시여."

"그러면 무상하고, 괴로움이고, 변하기 마련인 것을 두고 '이 것은 내 것이다. 이것은 나다. 이것은 나의 자아이다.'라고 관찰 하는 것이 타당하겠는가?"

"그렇지 않습니다. 세존이시여."

"비구들이여. 그러므로 그것이 어떠한 의도(行)이건, 그것이 과거의 것이건 미래의 것이건 현재의 것이건, 안의 것이건 밖의 것이건, 거칠건 미세하건, 저열하건 수승하건, 멀리 있건 가까이 있건 '이것은 내 것이 아니요, 이것은 내가 아니며, 이것은 나의 자아가 아니다.'라고 있는 그대로 바른 통찰지로 보아야 한다."

"비구들이여, 이를 어떻게 생각하는가? 알음알이(식별하는 것) 는 항상한가, 무상한가?"

"무상합니다. 세존이시여."

"그러면 무상한 것은 괴로움인가, 즐거움인가?"

"괴로움입니다. 세존이시여."

"그러면 무상하고, 괴로움이고, 변하기 마련인 것을 두고 '이 것은 내 것이다. 이것은 나다. 이것은 나의 자아이다.'라고 관찰 하는 것이 타당하겠는가?"

"그렇지 않습니다. 세존이시여."

"비구들이여. 그러므로 그것이 어떠한 알음알이건, 그것이 과거의 것이건 미래의 것이건 현재의 것이건, 안의 것이건 밖의 것이건, 거칠건 미세하건, 저열하건 수승하건, 멀리 있건 가까이 있건 '이것은 내 것이 아니요, 이것은 내가 아니며, 이것은 나의 자아가 아니다.'라고 있는 그대로 바른 통찰지로 보아야 한다."

"비구들이여, 이와 같이 보는 잘 배운 성스러운 제자는 물질에 대해서도 염오하고, 느낌에 대해서도 염오하고, 인식에 대해서도 염오하고, 심리현상들에 대해서도 염오하고, 알음알이에 대해서도 염오한다.

염오하면서 탐욕이 빛바래고, 탐욕이 빛바래기 때문에 해탈한다. 해탈하면 해탈했다는 지혜가 있다. '태어남은 다했다. 청정범행은 성취되었다. 할 일은 다 마쳤다. 다시는 어떤 존재로도 돌아오지 않을 것이다.'라고 꿰뚫어 안다."

-『상윳따니까야(S22)』

7장

몸과 마음의 자연성을 알아차려라

사실 위빠사나 책을 보고 수행을 처음 시작할 때는 알아차림에 대한 확고한 믿음이 없었습니다. 그러나 매우 원하는 것이었기에, 일단은 믿어보겠다는 마음으로 시작을 하였습니다. 수행을 잘하기 위해서는 알아차림, 노력, 집중, 믿음, 지혜가 필요하다고 합니다. 그래서 수행 초에는 좀 걱정이 되기도 했습니다. 수행을 하면서 알아차리는 것을 잘하고 싶었습니다. 그래서 자연스럽게 노력을 하게 되었습니다. 노력하면서 알아차리니까 집중력도 좋아졌습니다. 알아차림에 노력과 집중력이 더해져 수행의 결과들을 보게 되면서 믿음도 자연스럽게 다가왔습니다. 그리고 노력의 결과 치들을 접하면서 수행하는 과정에서 만나는 어려움들을 이겨낼 수 있었습니다.

노력도 믿음도 집중도 지혜도 없이 수행을 시작했지만, 이러한 것들은 알아차림을 하는 과정에서 자연스럽게 하나씩 다가와 수행은 저절로 되어 갔습니다. 그래서 누구라도 알아차림에 집중하면 평화롭고 행복해질 수 있습니다.

지금 이 순간을 정확히 알아차려라

고통으로부터 자유로워지는 위빠사나 수행은 한마디로 말하면 알아차림입니다. 그만큼 알아차림이 중요하다는 뜻입니다. 활을 쏠 때는 과녁에 정확히 꽂히는 것이 중요한 것처럼, 지금 이 순간에 몸과 마음에서 일어나고 사라지는 현상들을 있는 그대로 정확히 알아차리는 것(아는 것)이 중요합니다. 대충 알아차리거나 건성으로 알아차리면 법은 보이지 않습니다. 그리고 부름과 꺼짐을 알아차릴 때에는 부름의 시작, 중간, 끝과 꺼짐의 시작, 중간, 끝을 놓치지 않고 정확히 몰입해서 알아차리는 것이 좋습니다. 좌선이나 행선에서는 정확히 꿰뚫은 몰입의 알아차림이 필요하고, 움직임이 많으면서 빠른 생활 명상에서는 정확한 알아차림이 필요합니다.

몸과 마음의 자연성을 알아차려라

무아無我는 '나'란 실체가 없다는 뜻입니다. 다시 말해 뭔가를 원하거나 거부할 '나'라는 것이 존재하지 않습니다. 그런데 만약 빨리 걷겠다거나 느리게 걷겠다는 의지를 가지고 한다면, 그 힘에 가려져 본래 모습인 자연성은 드러날 수 없습니다. 깨달음인 성인의 도와 과의 성취는 수학공식을 이용하여 이렇게 풀어보고, 저렇게 풀어보면서 하는 과정이 아닙니다. 이것은 개인의 경향성과는 관계없이 본래의 모습인, 있는 그대로 몸과 마음의 자연성인 무아가 드러나는 과정입니다. 때문에 자연성인 무상, 고, 무아가 고스란히 드러날 수 있도록, 가능한 뭔가를 하겠다거나 거부하는 등의 마음을 내려놓고 있는 그대로를 정확히 알아차리는 것이 중요합니다. 사실 알아차림을 하는 시간이 늘 즐거운 것만은 아닙니다. 고되고, 지루하고, 때로는 뛰쳐나가고 싶을 때도 있습니다. 그러나 측량할 수 없는 기쁨도 있습니다. 그래서 힘들어도 수행을 계속하게 됩니다.

늘 알아차림 속에 머물러라

위장이 일을 하는 것을 보면 참으로 대견하기만 합니다. 무엇을 먹든, 언제 먹든 좋아하거나 싫어함 없이, 아무런 불평 없이 위장으로 들어오는 모든 음식물을 수용하며 충실히 일을 합니다. 설령 힘이 들더라도 '피곤해서 소화 못 시키겠어.'라는 말은 하지 않습니다. 잠이 들어 있는 시간에도 할 수 있는 한, 묵묵히 자기 일에 최선을 다합니다. 이렇듯 위장은 아프면 아픈 대로, 힘들면 힘든 대로 멈추지 않고 자기 일을 합니다. 알아차림 역시도 위장처럼 언제 어디서나, 좋아하거나 싫어함 없이, 그리고 멈춤 없이 하는 것이 좋습니다. 그래야만 알아차림의 참맛을 느낄 수 있습니다.

수행에 필요한 것 이외에는 알려 하지 말고, 전에 알던 것과 들은 것을 다 잊어버리고 있는 그대로의 몸과 마음을 정확히 꿰뚫어 몰입해서 알아차려야 합니다. 몸과 마음에서 무엇이 생겨나든 그냥 보이는 대로, 느껴지는 대로, 있는 그대로를 정확히 알아차리는 것이 중요합니다.

수행 중에는 어떠한 상황이 되어도 가능한 알아차림을 놓치지 않는 것이 좋습니다. 그러니 기대하지 말고, 예측하지 말고, 미세한 것들을 알아차리고, 생각들이 일어나고 사라지는 것들을 섬세하게 알아차리십시오. 수행이 어려울 때에도 잘 알아차릴 수 있어야 합니다. 수행자가 할 일은 오로지 알아차림뿐입니다.

알아차리기가 어려울 때

수행은 어느 정도 하다 보면 습관이 됩니다. 알아차림을 반복적으로 하다 보면, 어쩌면 자연스러운 현상인지도 모르겠습니다. 여기에 지루함까지 더해지면, 타성에 젖어 알아차리기도 합니다. 이렇게 대충하다 보면 알아차림이 섬세하지 못한 것뿐만 아니라 마음이 망상을 만들어 내기도 합니다.

경험적으로 보면, 이럴 경우 몸과 마음을 정확히 알아차리는 것이 쉽지만은 않습니다. 그런데 움직임 하나하나에서 일어나는 느낌, 지금 이 순간 살아 있음의 생생한 느낌과 통증 등을 집중하여 알아차리면서 극복할 수 있었습니다. 느낌과 통증은 생생히 살아 있는, 있는 그대로의 지금 이 순간입니다. 느낌과 통증은 미리 느낄 수 없습니다. 느낌과 통증은 잠시 후에 느낄 수도 없습니다. 느낌과 통증을 알아차리는 순간은 완전한 알아차림이 됩니다. 그래서 느낌과 통증은 자연스럽게 지금 이 순간을 있는 그대로 정확히 알아차릴 수 있게 하는 수행의 훌륭한 재료입니다. 느낌에는 더움, 추움, 시원함, 움직임, 배고픔, 지루함, 통증, 가려움, 따가움, 진동, 떨림, 전율 등 많은 것이 있습니다. 개인적으로 수행이 지루하고 힘들 때는 작고 미세한 특성을 관찰하고 느낌의 영역을 세밀하게 꼼꼼히 알아차렸더니 수월해졌습니다. 알아차리기가 힘들다고 느껴질 때도 그냥 그 느낌을 알아차렸습니다.

적절한 명칭의 사용

언제나 그렇지만 지속적으로 몸과 마음을 정확히 알아차리는 것은 어렵습니다. 그러나 명칭을 사용하여 알아차리면, 대상에 좀 더 집중할 수 있어서 좋습니다. 그런데 명칭을 붙이다 보면 때때로 주객이 전도된 것처럼 알아차림의 대상보다는 명칭 그 자체에 집중하는 경우가 종종 있습니다. 명칭을 붙이는 것에 바빠서도 안 되고 혼란스러워도 안 되지만, 명칭에 너무 집중해서도 안 됩니다.

그래서 명칭은 단순한 것이 좋습니다. 좌선에서는 배의 부름과 꺼짐이 한 쌍이고, 앉음과 닿음도 한 쌍입니다. 그런데 두 쌍을 섞어서 명칭을 붙인 적이 있습니다. 예를 들어 부름, 꺼짐, 앉음과 부름, 꺼짐, 닿음으로 명칭을 붙이며 알아차리자 혼란이 오기도 했지만, 알아차림의 대상을 알아차리기보다는 도리어 명칭에 강하게 집중되었습니다.

알아차림의 주 대상은 몸과 마음에서의 느낌이나 움직임 같은 현상입니다. 이것이 없을 때에는 늘 움직이는 배의 호흡이나 발걸음에 명칭을 붙이며 알아차립니다. 이렇게 하면 때때로 무엇에 명칭을 붙여야 할지(알아차려야 할지) 몰라 일어날 수 있는 혼란을 예방할 수 있어서 좋습니다.

수행 중에 길을 걸어가면서 '왼발, 오른발' 하면서 명칭을 붙이며 알아차리고 있었습니다. 그런데 목적지에 도착해서는 '섬' 하고 알아차리고, 계속 서 있으면서 머리에서 입, 목, 가슴, 팔, 배, 다리, 발까지를 순서대로 알아차렸더니 마음이 고요하지 못하고 들뜨는 것을 느낄 수 있었습니다. 또한 집중력이 분산이 되기도 했습니다.

계속 서 있으면 몸에서의 가장 큰 움직임은 배의 부름과 꺼짐입니다. 그래서 계속해서 서 있을 경우에는 배의 부름과 꺼짐을 알아차리면서 명칭을 붙이는 것이 좋습니다. 이외에 누울 때는 누우려는 의도를 알아차리고 손을 자리에 대고 몸이 눕는 과정을 정확히 알아차리고, 몸이 자리에 누우면 누움 하고 명칭을 붙이고, 몸에 다른 움직임이 없다면 바로 배의 부름과 꺼짐에 명칭을 붙이며 알아차리는 것이 좋습니다. 누우면 몸의 가장 큰 움직임은 배의 부름과 꺼짐이니까 당연한 것이겠지요. 이렇듯 움직이면 움직임을 알아차리고 움직임이 없을 때에는 알아차림의 주 대상인 배의 부름과 꺼짐이나 왼발과 오른발을 명칭을 붙이며 알아차립니다.

마음이 고통을 만드는 것을 계속해서 지켜보면, 수행의 깊이에 따라 고통의 내용이 다름을 느낄 수 있습니다. 그래서 수행의 진보가 깊어지면서는 끝없는 이야기 속에 휘말릴 때가 있습니다. 이럴 때는 지금 이 순간을 알아차리려 해도 어렵습니다. 특히나 수행의 진보가 깊어질수록 살아오면서 가장 고통스러웠던 아픈 기억들이 끝없이 올라올 때는 고통의 감정들에 휩싸여 눈물이 절로 흐르고, 알아차림을 하기가 어렵습니다. 이럴 경우, '마음은 원래 이래', '마음에게 휘둘리지 말라', '받아들임', '놓아버림', '내맡김', '수용' 등 생각의 내용에 따라 적절한 명칭을 사용하면 좋습니다.

명칭은 지금 이 순간을 알아차리기 위해서는 필요합니다. 그러나 명칭은 붙이는 범위가 넓을수록, 그리고 명칭의 수가 많을수록 집중도가 떨어져 강한 집중력의 개발은 어렵습니다. 그래서 대상을 놓치지 않기 위해 명칭을 붙이되 명칭과 명칭 사이의 틈은 집중 대상을 정확히 알아차리는 것이 좋습니다. 경험적으로 보면, 명칭을 붙이는 순간의 세밀한 알아차림은 없습니다. 그래서 명칭의 약칭을 사용하기도 했습니다. 예를 들어 행선을 하면서 왼발과 오른발은 '왼, 오'로 명칭을 붙이며 알아차렸고, 배의 부름과 꺼짐에서는 '부, 꺼'로 명칭을 붙이며 알아차렸습니다. 그리고 배의 부름과 꺼짐을 좀 더 세밀히 알아차리기 위해서 약칭인 '부, 꺼'에서 '꺼'만 명칭을 붙이며 알아차리기도 했습니다. 그래서 배가 불러오는 과정은 좀 더 세밀히 알아차릴 수 있었습니다.

명칭은 수행의 깊이가 깊어지면 집중력이 강할 때와 그렇지 않을 때의 명칭을 붙이는 위치가 다릅니다. 명칭은 필요에 따라 사용하되 집중에 방해가 된다고 느낀다면 언제라도 즉시 명칭은 붙이지 않는 것이 좋습니다. 그리고 할 수만 있다면, 알아차림은 명칭 없이 하는 것이 가장 좋습니다.

식사 명상

식사하기 위해 줄을 서서 기다릴 때는, 고개는 살짝 앞으로 숙이고 배의 부름과 꺼짐을 알아차리다가, 걸을 때는 왼발과 오른발의 움직임을 알아차립니다. 음식을 접시에 담을 때, 손이 움직이면 손을 알아차리고 마음이 욕심을 부리면 그 '욕심'을 알아차립니다. 다시 손을 알아차리면서 음식을 가져와 자리에 앉습니다. 시선은 식탁 밖으로 넘어가지 않도록 하고, 옆 사람에게 음식을 권한다거나 차를 권한다거나 하는 교류는 하지 않습니다. 알아차리면서 수저를 들어 음식을 가져와 입에 넣고 수저를 내려놓습니다. 그리고 눈을 감고 음식을 씹어 다 삼킬 때까지 눈을 뜨지 않는 것이 좋습니다.

음식을 씹으면서 음식의 단맛, 신맛, 매운 맛, 부드러운 맛, 단단함, 부서짐 등을 알아차립니다. 입에 있는 음식들의 씹는 과정이나 삼켜지는 과정들을 알아차리고, 음식이 목구멍으로 다 넘어가면 다시 눈을 뜨고 음식을 가져다 입에 넣고, 다시 눈을 감고 씹으면서 음식이 부서지는 과정, 음식의 움직임, 음식의 맛, 음식을 삼키는 과정들을 모두 알아차립니다. 이렇게 입안에서 음식의 움직임을 알아차리다 좋아하고 싫어하는 생각이 일어나면 생각하고 있음을 알아차리고, 다시 손이나 입안의 움직임을 알아차립니다. 마찬가지로 몸에서 가려움이나 더움 같은 느낌이나 변화가 있다면 그것을 알아차리다 사라지면 다시 손이나 입안의 움직임을 알아차립니다.

식사 명상의 중심점은 음식을 가져오는 손과 입안입니다. 음식을 씹을 때는 눈을 감아야 집중력이 향상됩니다. 이것은 중요합니다. 경험적으로 눈을 감은 채 하는 식사 명상은 눈에 의해 보이는 또 다른 관심거리가 없어서인지, 느낌이 강한 입 속을 아주 잘 알아차릴 수 있었습니다. 못 알아차릴 수가 없었습니다. 식당에 들어올 때와 나갈 때의 행선의 속도가 달라질 정도로 수행의 진보에 도움이 되었습니다.

수행하지 않으면 평생 공부해도 고통스럽다

수행처에서 법문 시간이나 인터뷰할 때, 질문을 통해 학문적인 접근을 하는 수행자를 본 적이 있습니다. 참으로 안타까웠습니다. 집중 수행 중, 이런 학문적인 접근은 수행의 진보를 멈추게 합니다. 마음이 학문적인 것에 집중한 만큼 알아차림과는 멀어질 수밖에 없으니 당연한 일이겠지요. 직접 사과를 먹음으로써만 사과의 참맛을 경험할 수 있는 것처럼 위빠사나의 알아차림을 통해서 실재를 만나지 못하면, 평생 공부해도 고통으로부터 벗어날 수 없습니다. 물론 학문적인 접근은 필요합니다. 수행의 방법을 제시해 주기 때문입니다. 그러나 책은 원할 경우 언제든지 읽을 수 있지만, 몰입의 알아차림은 수행처에서만 가능합니다. 그래서 집중 수행 중에는 책을 읽거나 토론을 하는 등의 학문적인 접근은 바람직하지 않습니다.

고통으로부터 자유로워지고 싶다면

수행처에서나 일상에서 몇몇 수행자들의 이야기를 들어보면, 힘들 땐 쉬면서 여행하듯이 수행하기를 원하는 사람들이 있는가 하면, 수행에만 전념하는 사람들도 있습니다. 그런데 수행자라면, 개인적인 상황이나 성향에 관계없이 수행의 진보를 싫어할 사람은 아마도 없을 것입니다. 다시 말해 고통으로부터 자유로워지는 것을 거부할 사람은 없을 것입니다. 그런데 알아차림을 대충 하거나 쉬면서 틈틈이 알아차려서는 고통으로부터 벗어날 수 없습니다. 다시 말해 알아차림의 위력은 경험할 수 없습니다.

성인의 도와 과의 성취는 원한다고 해서 되는 것이 아니라 저절로입니다. 이것은 저절로 알아차려지는 상태에서 자연스럽게 드러나는 자연성입니다. 때문에 알아차림이 자주 멈춘다면, 저절로는 없습니다. 다시 말해 깊이 있는 수행의 진보는 없습니다. 지루하면 지루한 대로, 힘들면 힘든 대로 몸과 마음을 있는 그대로 계속해서 정확히 알아차려야 움직임이 느려지고, 움직임이 느려져야 꿰뚫어 알아차릴 수가 있고, 꿰뚫어 알아차려야 몸과 마음의 존재 방식인 자연성이 드러납니다. 여기서 지혜가 생겨나고, 그리고 고통으로부터 벗어나 지금까지와는 다른 최상의 행복을 경험할 수 있습니다. 그러니 진정 고통으로부터 자유로워지고 싶다면 위장이 일을 하는 것처럼, 가능한 한 늘 알아차림 속에 머무르는 것이 좋습니다.

알아차림의 위력

사람들은 경전을 읽는 것만으로도 평안하고 행복해 합니다. 그리고 감동 받는 법문을 통해서 행복감을 경험하기도 합니다. 저 역시도 법문을 듣고, 경전을 읽었을 때는 감동으로 인한 전율을 느끼기도 했습니다. 그래서인지 많은 사람들이 이런 것들에 집중합니다. 그런데 이것은 마음의 순화이지 고통으로부터의 자유는 아닙니다. 고통으로부터 자유란 몸과 마음의 정화입니다. 마음의 순화란 마음을 바르고 아름답게 만드는 작업입니다. 그래서 마음이 순화되었다는 것은 마음을 정화시키는 작업이 좀 더 용이해졌다는 뜻입니다. 하지만 고통으로부터의 자유는 아닙니다. 고통으로부터의 자유는 알아차림이라는 과정을 통하여 몸과 마음이 정화가 되었을 때 비로소 가능합니다. 다시 말해 경전은 아무리 읽고 또 읽어 수백 번을 읽어도, 고통의 감정들은 다시 돌아옵니다.

알아차림의 위력은 정화입니다. 이것은 고통스러운 감정들의 치유이며, 생生, 노老, 병病, 사死라고 하는 고통으로부터의 자유입니다. 세상에서 그 어떤 것으로도 대체할 수 없는 기능입니다.

그래서 법문이나 경전 등은 집중 수행이 아닌 일상에서 공부하는 것이 좋고, 집중 수행 중에는 알아차림에 몰입하는 것이 좋습니다. 알아차림의 수행은 본인에게도 이롭지만, 주변 사람이나 세상에도 이롭습니다. 집중 수행 중에는 어느 순간에 통찰이나 깨달음이 다가올지 모릅니다. 그러니 늘 알아차림 속에 머무르십시오. 깨달은 스승님들은 알아차림이라는 하나의 물방울들을 모으고 모아 고통이라는 거대한 바위를 깬 사람들입니다.

8장

저절로의 알아차림 -깨달음의 열쇠

발걸음을 집중하여 알아차리면, 발걸음의 속도는 자연스럽게 저절로 느려집니다. 계속 발걸음을 알아차리면, 발에서 무거움이 일어나고 사라지는 자연성이 보입니다. 이렇듯 수행의 진보는 저절로입니다. 더 나아가 마음의 소멸이나 깨달음의 성취도 저절로입니다. 수행의 진보는 원한다고 해서 되는 것이 아니라 저절로입니다. 이것이 중요합니다. 저절로는 깨달음의 열쇠입니다. 저절로는 무아의 정수이며, 노력의 대가로 얻을 수 있는 결실의 정수입니다.

알아차림의 습관들이기

수행을 잘하기 위해서는 무엇보다도 알아차림이 중요합니다. 가장 좋은 방법으로는 알아차림의 습관입니다. 사실 우리들은 일상에서 의외로 많은 부분을 습관적으로 하고 있습니다. 무엇이든 자주 하다 보면 자연스럽게 습관이 됩니다. 그리고 자기가 좋아서 하는 것이나 재미있는 것들은 습관들이기가 쉽습니다. 그게 아니라면 노력을 많이 해야만 합니다.

저는 노력의 방법으로, 자주 보는 벽에 '알아차림'이라는 단어를 써서 붙였습니다. 그러면 벽은 지나다닐 때마다 '알아차림을 하라'라고 저에게 말을 걸어오기도 합니다. 계속 이 벽보를 보다 보면 때로는 알아차림이 저절로 되기도 합니다. 이 방식은 집중 수행처에서나 집에서나 늘 사용하는 방법입니다.

연구에 의하면 물을 마시는 것과 같은 쉬운 습관을 들이는 데는 20일이 필요하지만, 어려운 습관을 들이기 위해서는 2개월에서 3개월 정도의 시간이 필요하다고 합니다. 그래서 알아차림을 계속하여 습관이 되면 자연스럽게 저절로 알아차려지기도 합니다. 때문에 깊이 있는 수행의 진보를 원한다면 집중 수행의 시간은 좀 길수록 유리합니다. 그러나 반대로 습관이 지나쳐서 알아차림을 건성으로 하기도 합니다. 때문에 늘 정확히 알아차리려는 노력이 필요합니다.

알아차리기 어려운 주변 상황은 기회로 이용하라

법당에서 수행을 하다 보면 주변에서 시끄러운 소리들이 끊임없이 들려옵니다. 때로는 이해할 수 없는 소리도 들려옵니다. '시끄러운데, 어떻게 해?'라고 생각한다면, 이미 포기한 것이나 마찬가지입니다. 개인적으로, 이런 상황은 스스로를 시험할 기회라고 생각합니다. 그래서 자신의 능력을 지켜보겠다는 마음으로 접근했습니다. 알아차림의 대상을 결코 놓치지 않겠다는 의지로, 시끄러움 속에서 조용한 배의 부름과 꺼짐을 알아차릴 수 있는지 지켜보겠다는 마음으로 집요하게 배의 부름과 꺼짐을 알아차렸습니다. 이렇게 계속 알아차리다 보면 주변에서 아무리 시끄럽게 해도 오롯이 배의 부름과 꺼짐이 보입니다. 그야말로 배에 몰입이 됩니다. 이럴 때 강력한 집중력이 개발되었고, 더불어 수행력도 향상되었습니다.

집중 수행을 하다 보면, 알아차림을 하기 어려운 여러 가지 주변 상황들을 만날 수 있습니다. 이럴 때가 집중력을 기를 수 있는 기회입니다. 왜냐하면 이 상황에 어떻게 반응하느냐에 따라서 그동안 힘들게 쌓아온 집중력이 깨지느냐, 아니면 더 강한 집중력이 개발되느냐의 문제이기 때문입니다. 어떤 이유로든 알아차림을 자주 멈춘다면, 깊이 있는 수행의 진보는 어렵습니다.

수행 중의 상기 현상

미얀마 수행처에서 집중 수행을 하던 도중 한 수행자가 두통과 음식을 먹지 못하는 증상 등으로 힘들어 하는 것을 본 적이 있습니다. 이런 것은 흔한 경우는 아니지만 수행 중에 나타날 수 있는 상기 현상으로 수행을 지속하기가 어렵습니다.

건강은 한의학에서 말하는 기氣와 혈血의 순환작용이 중요합니다. 상기上氣 현상이란 글자 그대로 기가 순환되지 못하고 상체 쪽에 정체되어 있는 상태를 말합니다. 수행 중에 이런 증상이 나타나는 이유는, 치유의 과정에서 기의 순환작용이 정상적으로 이루어지지 못하였기 때문입니다. 그러면 두통이나 소화불량 등 여러 가지 불편한 아픔의 상황들이 나타날 수 있습니다. 이럴 경우 치유는 머리나 가슴에 정체되어 있는 기 에너지의 순환입니다. 이것을 돕는 방법이 발치기 운동입니다. 편안하게 누워서 30분에서 1시간 정도 발치기 운동을 하고, 그대로 누워서 5~10분 정도 쉬어 보십시오. 편안해져 가는 몸을 느낄 수 있을 것입니다. 발치기를 할 때, 조금은 힘차게 하는 것이 좋습니다. 아니면 다리를 부딪친다는 느낌으로 하는 것도 좋습니다. 만약 힘들거나 다리가 아프다면 멈추지 말고 잠시 약하게 하다가 다시 본래대로 계속하는 것이 좋습니다. 그리고 상기 현상으로 몸이 많이 아프다면, 30분 정도를 하루에 2~3회 반복하는 것도 좋습니다. 이외에 발치기 운동은 일상에서 규칙적으로 매일 하면 건강에도 좋습니다.

늘 자비로 반응하라

사실 다른 사람들을 비난하거나 괴롭히는 것을 원하는 사람은 없습니다. 자신을 고통스럽게 하였기 때문에 싫은 것이고 미운 것입니다. 그런데 이유야 어찌 되었건, 누군가를 비난하거나 괴롭히면서는 자신이 행복할 수 없습니다. 뿐만 아니라 깨달음으로 나아갈 수도 없습니다. 왜냐하면 깨달음의 기반은 평화로움이기 때문입니다.

마음이 평화로운 사람들은 타인을 괴롭히지 않습니다. 누군가가 '나'를 괴롭힌다면, 그는 마음에 아픔이 있는 사람입니다. 몸이 아프면 돌보아주어야 하듯이, 마음이 아프다는 것은 이해와 사랑을 필요로 한다는 뜻입니다. 몸이 아픈 사람과는 싸울 수 없듯이 마음이 아픈 사람과도 싸울 수 없습니다. 때문에 가족이라는 이름으로, 혹은 함께하면서 반복적으로 상처를 주는 사람들을 비난하거나 폭력적으로 대응하기보다는 타협적으로 하는 것이 유리합니다. 아니면 피하는 것도 좋습니다. 완벽한 사람은 없습니다. 그래서 가장 좋은 방법은 자신도 그럴 수 있음으로, 그리고 상대에게는 나름대로의 속 사정이 있을 것으로 이해하면서 자신의 심정을 이야기하며 진심을 전하는 것입니다. 그리고 판단의 몫은 자신이 아닌 하늘(원인과 결과)임을 기억하는 것이 좋습니다.

"모든 생애에 이 존재로 인해 고통스러웠을 모든 존재가 평안하고 행복하기를 빕니다."
"이 존재에게 고통을 가한 모든 존재가 평안하고 행복하기를 빕니다."

경험적으로는 이렇게 자애관을 하면 저로 인해 고통 받았을 다른 생명체들을 생각하게 되고, 그러면 저를 고통스럽게 한 사람들에게는 할 말을 잃게 됩니다. 어쨌든 더 이상의 고통을 만들지 않는 것이 좋습니다. 그래서 자비의 마음으로 용서를 뛰어넘어 늘 이해로 그리고 사랑으로 반응한다면 더할 나위 없이 좋습니다.

감정에 충실하면 깨달음은 없다

몸을 계속해서 알아차리다 보면 처음에는 무거움이나 가벼움 같은 거친 현상들을 볼 수 있습니다. 그리고 계속해서 알아차리면서 수행이 더 진보하면 응집력이나 밀어냄, 부드러움 같은 미세한 현상들을 보게 되고, 여기서 알아차림을 통해 수행이 더 진보하면 자연성인 무상無常·고苦·무아無我를 체득하게 됩니다. 그런데 어떤 이유로든 알아차림이 자주 멈춘다면, 미세한 현상들은 볼 수 없습니다. 물론 무상, 고, 무아도 볼 수 없습니다. 그러면 고통으로부터 벗어날 수도 없습니다.

실제로 좌선을 하면서 불편함이나 통증 때문에 자세를 자주 바꾼 적이 있습니다. 이럴 경우 같은 시간을 좌선하면서도 명상의 내용에는 현저한 차이가 있음을 느낄 수 있었습니다. 그래서 좌선을 시작할 때 자세, 손 등 불편할 수 있는 사항들을 미리 점검하여 좌선 중에는 가능한 움직이지 않으려고 노력했습니다.

깊이 있는 수행의 진보는 좌선과 행선을 통해 아주 미세한 영역을 정확히 꿰뚫어 알아차리는 과정에서 이루어집니다. 이를 지원하기 위해서는 생활 명상에서도 가능한 알아차림의 상태를 유지하는 것이 좋습니다. 수행의 진보 측면에서 본다면, 아침에 깨어나는 순간부터 시작해서 잠이 드는 순간까지 30%의 알아차림을 3개월간 유지하는 것보다 70~80%의 알아차림을 한 달 간 유지하는 것이 유리합니다. 이럴 때 수행력은 자연스럽게 따라오고, 더불어 수행에 가속도가 붙어 더 많은 결과 치들을 볼 수 있습니다. 그러나 마음이 만들어 내는 감정에 충실하다면, 그래서 하고 싶은 대로 한다면 깨달음은 없습니다. 만약 이것이 가능하다면 아마도 세상의 모든 사람이 깨달음을 성취했을 것입니다.

　알아차림의 수행은 마음과의 싸움입니다. 그래서 마음이 하고 싶어 하는 대로 하는 것이 아니라 마음이 하고 싶어 하는 것을 알아차리고, 싫어하는 것을 알아차리고, 좋아하는 것을 알아차려야 합니다. 마음은 늘 뭔가를 생각합니다. 잠시도 고요히 있지 못합니다. 마음에게 고요란 견딜 수 없는 지루함이고 고통입니다. 그래서 수행을 하다가 자주 경험하는 감정은 지루함입니다. 때문에 지루함이 느껴질 때, 이를 이겨내지 못하고 다른 뭔가로 지루함을 달랜다면 수행의 진보는 어렵습니다. 마음에 고통의 감정이 일어날 때, 그 감정과 어우러져 함께 한다면 깨달음은 없습니다. 지루함, 원망, 분노, 슬픔, 싫어함, 두려움, 미움, 불안, 우울, 시기심 등 고통의 감정들을 지켜볼 수 있을 때에만 비로소 고통으로부터 벗어나 최상의 행복과 평화를 경험할 수 있습니다.

노력은 운명을 바꾸는 방법이다

어릴 적, 산과 들에서 뛰어놀며 살아서 그런지 산이 좋습니다. 그래서 몹시 더운 여름날에 휴일이면 산에 가곤 했습니다. 책과 간단히 먹을 수 있는 것을 가지고 가서 계곡 물에 발을 담그고 책을 읽다가 점심을 먹고는 저녁이 될 무렵쯤 산에서 내려와 집으로 돌아옵니다. 때로는 도서관에 가서 읽고 싶은 책을 마음껏 읽으며 휴일을 보내곤 했습니다. 물론 책 읽는 것을 좋아하다 보니 가능했습니다. 이렇게 놀면서 쉬면서 가끔 책을 읽었지만, 이것은 제 삶을 참 많이 풍요롭게 했습니다.

지금까지 살아오면서 무엇이든 해야겠다고 마음먹으면, 참 열심히 했던 것 같습니다. 수행도 치열하게 열심히 했습니다. 사람들은 저를 보고 말합니다. 선업의 공덕으로 좋은 경험을 하고 있다고. 물론 그렇습니다. 그러나 누구라도 그것에 걸맞은 만큼의 노력을 한다면, 가능하다고 생각합니다. 그래서 할 수 있다는 자신감과 멈추지 않는 노력으로 최선을 다할 필요가 있습니다. 노력은 삶을 완성하는 방법입니다. 노력하지 않으면 아무것도 이룰 수 없습니다. 그래서 노력은 고통스러운 운명을 바꾸는 방법입니다.

한 분야에서 성공하려면 하루에 16시간의 노력이 필요하다는 말을 들은 적이 있습니다. 다른 말로 하면 운명을 바꾸려면 하루에 16시간의 노력이 필요하다는 뜻입니다.

붓다께서는 "밤낮 없이 수행하라."고 말씀하셨습니다. 그리고 처음 집중 수행을 하면서 가르침을 주신 사야도께서 제게 하신 첫 질문이 "아침에 눈을 뜨는 순간 무엇을 보았습니까?"였습니다. 그때는 참으로 놀라웠습니다. '쉼 없이 깨어나는 순간부터 알아차려야 하는구나!'라고 이해하면서 눈을 뜨는 순간을 알아차리기 위해서 무척이나 노력했습니다. 그러기 위해서 잠이 드는 시간에도 알아차려야겠다고 생각했습니다. 그래서 법당에서 밤 9시까지 수행을 하다가 알아차림을 하면서 방으로 돌아와 침대에 앉아서 다시 좌선을 하고, 잠자리에 들어서는 와선을 하였습니다. 결국 새벽 3시 깨어나는 순간부터 잠에 드는 순간까지 알아차림을 하게 되었습니다. 물론 중간중간에 알아차림을 놓치기는 했지만, 하루에 16시간 이상을 알아차리기 위해서 부단히 노력했습니다. 그럼에도 수행을 하다 보면 진보도 없이 안 되는 날이 많습니다. 그때마다 포기란 있을 수 없는 것처럼 '다시 시작한다.'는 생각을 했습니다. 운명을 바꾼 사람들은 삶에서든 수행에서든 어렵고 힘든 고비의 순간에 포기는 모르는 채 끝없이 도전을 한 사람들입니다.

서울에서 부산을 다녀오는 만큼의 행선을 해야만 지수화풍의

법을 볼 수 있는 사람이 있는가 하면, 서울에서 대전까지 다녀오는 행선을 하면서 법을 볼 수 있는 사람이 있을 것입니다. 어쩌면 서울을 떠나기도 전에 법을 보는 사람도 있겠지요. 이렇듯 선업의 공덕으로 깨달을 운명이라면 짧은 시간에도 깨달음을 성취할 수 있습니다. 그러나 이 역시도 저절로의 알아차림을 위한 노력이 필요합니다. 그래서 쉬면서 구경하면서 한다면 부산을 열 번을 다녀오는 행선을 하더라도, 아니 백 번을 다녀오는 행선을 하더라도 저절로의 알아차림이 없다면 깨달음을 성취할 수 없습니다. 그러나 알아차림에 몰입하여 저절로의 알아차림이 된다면 누구라도 고통스러운 운명을 바꿀 수 있습니다.

저절로의 알아차림-깨달음의 열쇠

인터넷에서 어느 가수가 부르는 노래를 듣게 되었는데, 참으로 애절하고 감동적이었습니다. 그래서 그 곡을 며칠 동안 수차례 계속 들었습니다. 그랬더니 그 노래의 가사가 저절로 입에서 흥얼거려졌습니다. 그 노래를 부르기 위해서 특별한 노력을 한 적이 없는데, 듣기만 했는데, 입에서 저절로 노래가 흘러나왔습니다. 이렇게 저절로는 마음에 얼마나 자극적이었나, 혹은 얼마나 흥미로웠나에 따라서 또는 얼마만큼 반복했느냐에 따라서 나타나는 자연스러운 현상입니다. 그래서 드라마나 영화를 감동적으로 본 후에는 그 드라마나 영화의 주제곡을 자신도 모르게 흥얼거리게 되곤 합니다. 그리고 주인공의 특이한 행동이나 말투 역시 자주 떠오르고, 때론 흉내를 내기도 합니다. 감명 깊은 공연을 보아도 비슷한 현상들이 나타납니다. 이외에 식사 후에는 양치를 하거나 다니던 길로 가서 버스나 지하철을 타는 등 습관적으로 자연스럽게 하는 행동들도 있습니다.

수행에서도 마찬가지로 저절로의 알아차림은 생각보다 쉽습니다. 집중해서 계속 알아차림을 반복하다 보면 자연스럽게 저절로 알아차려집니다. 그러나 힘이 들 때마다, '쉬면서 수행할 거야' 혹은 '구경하면서 수행할 거야' 하면 저절로는 없습니다. 또한 마음에서 일어나고 사라지는 생각들의 내용에 동화되어 휩쓸려도 저절로는 없습니다. 더우면 더운 대로, 힘이 들면 힘이 드는 대로, 어떻게 하겠다는 의지 없이 그래서 원하는 마음 없이, 있는 그대로를 지켜보며 알아차리면 됩니다. 중요한 것은 정확한 알아차림의 몰입이 얼마만큼 지속되느냐 입니다. 그래서 가능한 멈춤 없이 생겨나는 대로, 있는 그대로를 계속해서 정확히 알아차리다 보면, 알아차림의 대상이 자연스럽게 저절로 알아차려집니다.

한 방송 프로그램에서 첼로를 연주하는 10살짜리 한 소년이 말하기를, "하루라도 연습을 안 하면 안 돼요. 지난번에 놀이공원에 놀러 가서 하루 연습을 안 했는데, 손이 저절로 안 굴러가고, 악보를 다 잃어버린 것처럼 그랬어요. 그래서 연습을 안 하면 불안해요."라고 하더군요.

학교 수업을 끝내고서 하루 평균 8시간씩 연습을 하고, 밤 12시가 되어서야 잠자리에 들면서도 연습을 하면서 잠이 드는 아이가 참으로 대견하게 보였습니다. 이렇게 10살의 어린 소년이 손이 저절로 굴러가도록 노력한 것처럼, 수행도 아침에 잠에서 깨어나는 순간부터 밤에 잠이 드는 순간까지 노력을 한다면 자연스럽게 저절로 집중되고 저절로 알아차림의 상태가 됩니다.

깊이 있는 수행의 진보가 이루어질 때는 고개는 저절로 숙여지고 시야는 흐려지고, 화살이 과녁을 향해 날아가듯이 알아차림은 오로지 대상만을 바라보며 대상을 향해 날아가 대상에 꽂힙니다. 집중하는 대상에 알아차림이 꽂히듯 빨려 들어가 저절로 알아차려집니다. 이때는 집중하고자 하는 마음도 없습니다. 그야말로 무아無我입니다. 여기에 '나'라는 것은 없습니다. 오직 대상과 알아차림만이 있습니다.

9장

마음과 '아는 마음'

다섯 번째 방문한 수행처에는 식당으로 가는 길에 고양이들이 많았습니다. 알아차리면서 걸어가는데, 앞에서 고양이가 아장아장 걸어오며, 자기 친구를 찾는지 두리번거립니다.

"고양아 안녕!"

마음이 고양이에게 인사를 합니다. 이것을 본 '아는 마음'이 웃습니다. 고양이를 지나쳐 식당으로 갔습니다. 식사를 끝내고 디저트를 먹기 위해 과일 그릇의 뚜껑을 열자 사과와 귤이 보입니다. 순간 마음이 "앗싸!!" 하고 좋아합니다. 이것을 본 '아는 마음'이 웃습니다.

이렇듯 고양이에게 인사하는 마음과 이를 보고 웃는 '아는 마음', 사과와 귤을 좋아하는 마음과 이를 보고 웃는 '아는 마음', 이렇게 두 개의 마음이 있습니다. 이 가운데서 마음은 늘 희로애락喜怒哀樂을 경험합니다. 그런데 '아는 마음'은 이런 마음에게 휘둘리지 않는, 그래서 고통을 경험하지 않는 평화로운 마음입

니다. 마음을 알아차리는 '아는 마음'은 알아차림의 저력이며 수
행력입니다.

마음은 이래도 싫고 저래도 싫고

마음은 착각, 오해, 반성, 실수, 선입견, 차별, 후회, 과신,
집착, 욕심쟁이, 잘못, 고집쟁이, 우왕좌왕, 변심, 미안 등 이런
단어들을 일상에서 실감나게 자주 사용하곤 합니다. 그럼에도
불구하고 마음은 다른 누군가와 언쟁을 하게 되면, 자신은 마치
완벽한 사람처럼 한 치의 실수도 없는 사람처럼 현란한 말솜씨
로 자신을 포장합니다. 그리고 '아무리 맛이 있어도 계속 먹으면
질린다.'고 하거나 '좋은 말도 세 번'이라고 하면서 변덕을 부립
니다.

가족에게서 금방 들어온다고 전화가 왔는데, 돌아오지 않고
있습니다. 전화를 해 보아도 받지 않습니다. 그러면 마음은 갖가
지 상상을 합니다. '갑자기 길에 쓰러져 정신을 잃고 있나?', '교
통사고가 난 걸까?', '누군가에게 얻어맞고 병원에 있는 걸까?',
'혹시 납치당했나?' 등등 마음은 할 수 있는 한, 온갖 상상을 다
합니다.

여름이면 겨울이 그립고, 겨울이면 여름이 그립습니다. 집에
있으면 고통스러워 수행처가 생각이 나고, 수행처에 있으면 고
통스러워 집이 생각납니다. 티격태격 싸우며 장난치며 지내던

친구가 떠나버린 뒤에나 그 친구의 소중함을 알게 되고, 병원에 입원 한번 해 보았으면 좋겠다고 장난치다가 아프고 난 후에야 건강의 소중함을 절실하게 느끼게 됩니다. 학교 가기 싫은 날, 학교에 안 가는 사람들이 부럽습니다. 학창 시절의 모든 나날들이 행복한 날이라는 것은, 학창 시절이 다 지나가고 어른이 되어서야 알게 됩니다. 그리고 늙어 가면서야 젊다는 것은 그 자체만으로도 아름답다는 점도 알게 됩니다.

여러 사람이 함께 이야기를 나누다 보면, 주로 자기가 잘난 것이나 부자라는 자랑을 많이 하게 되는데, 마음은 경쟁이나 싸움에서 지는 것을 무척이나 싫어합니다. 그래서 때로는 더 많이 힘든 것, 더 많이 아픈 것도 자랑을 합니다. 심지어는 자신을 괴롭히는 방법인 술을 많이 마시거나 담배를 많이 피우는 것, 고집부린 것까지도 자랑을 합니다. 분명 자랑거리가 아닌데도 말입니다. 이렇게 마음은 기회만 되면 습관적으로 자랑을 하며, 자신을 돋보이고 싶어 합니다.

마음은 그 동안 살아오면서 보고 듣고 배우며 경험한 것을 통해 습이 된 관념이나 통념 같은 마음의 습과 대비되는 것은 싫어합니다. 그래서 다른 관념이나 통념을 접하게 되면 저항을 하곤 합니다. 때문에 다른 견해를 받아들이는 데는 시간이 필요합니다. 그러나 이렇게 해서 받아들여 습이 되면 아프고 힘들어도 바꾸지 못합니다. 특히나 신념이나 관념이라는 이름으로 습이 된 것은, 잘못된 것임을 알면서도 쉽게 바꾸지 못합니다. 아니 바꾸려고 해도 바꾸어지지 않습니다. 이유는 마음이 신념과 관념이 자신을 지탱하는 것이라며 고집을 부리기 때문입니다.

마음은 고통을 만드는 놀라운 재주꾼입니다. 그래서 슬픈 마음의 눈으로 바라보면 세상은 외롭고 쓸쓸하게만 보이고, 괴로운 마음의 눈으로 바라보면 세상은 각박하고 험하게만 보입니다. 뿐만 아니라 돈에 가치를 부여하는 순간, 돈이 모든 생명체 존엄성의 척도가 됩니다. 그래서 비싼 시계나 차를 소유한 사람들을 선망하게 됩니다. 돈이 많은 사람들은 멋이 있어 보이고, 돈이 없는 사람들은 비천해보입니다. 이렇듯 사람들은 마음의 내용물에게 잠식당한 눈으로 세상을 바라봅니다. 그래서 있는 그대로의 세상을 보지 못합니다. 마음이 보고 듣고 배우며 경험한 내용에게 잠식당하지 않기도 어렵지만, 이런 마음의 내용물에게 휘둘리지 않기도 어렵습니다. 때문에 대부분의 사람들은 진리를 볼 수 있는 눈은 가린 채로, 마음이 만들어내는 고통에 휘둘리며 살고 있습니다.

마음은 늘 더 좋은 것, 더 깨끗한 것, 더 편안한 것, 더 많은 것을 원합니다. 하나를 주면 둘을 원하고, 둘을 주면 셋을 원합니다. 100을 주어도 만족하지 못합니다. 마음은 늘 다른 것을 원합니다. 지루한 것도 슬픔도 고통도 못 견뎌 하지만 행복할 때조차도 행복이 계속되면 불안해합니다. 해가 나면 더워서 싫고, 구름이 많으면 어둑해서 싫고, 비가 오면 축축해서 싫고, 눈이 오면 지저분해서 싫습니다. 더우면 더워서 싫고, 추우면 추워서 싫습니다. 이렇게 마음은 늘 이래도 싫고 저래도 싫습니다. 그럼에도 마음은 자신이 완벽하다고 착각하면서 실수하고 또 실수하고, 후회하고 또 후회하고, 반성하고 또 반성하면서도 자신을 바꾸지 못합니다.

마음의 속성 알아차리기

마음은 자주 보고 들은 것들을 선호합니다. 그래서 광고에서 자주 본 상품을 무의식적으로 구매를 하곤 합니다. 뿐만 아니라 나쁜 것이라 할지라도 반복적으로 하다 보면 '나쁘다'라는 인식을 하지 못하게 되기도 합니다. 그래서 거짓말, 폭력, 그리고 남의 물건을 훔치는 행위 등은 나쁘다는 것을 알면서도 계속하게 됩니다. 마찬가지로 고마움 역시 반복이 되면, 고마움이 흐려지기도 합니다. 그래서 머리가 검은 짐승은 돌보는 것이 아니라는 말을 듣기도 합니다. 또한 결심하는 마음 역시 흐려져 작심삼일의 원인이 되기도 합니다.

그리고 마음은 무엇이든 경험한 것은 재생을 하듯이 우연히 생각나게 함으로써 좋아하는 것으로 오인하게 만들기도 하지만, 싫어하는 것은 더욱 더 치를 떨게 하기도 합니다. 이외에 자극적인 것을 처음 접하는 마음은 스릴을 느끼며 좋아하지만 이 역시 반복이 되면, 지루함으로 변질되기도 합니다. 그래서 변덕을 부린다는 말을 듣기도 하지만, 좀 더 자극적인 것을 찾아 방황하기도 합니다.

또한 마음은 자신을 잘난 사람, 멋있는 사람으로 자랑을 하다가도, 필요에 따라 순간 세상에서 가장 불쌍한 사람으로 만들기도 합니다. 뿐만 아니라 아는 사람들에게는 선한 모습으로 끝없이 친절하다가도 모르는 사람들이나 자신의 이익 앞에서는 지금까지와는 전혀 다른 모습으로 돌변하기도 합니다. 그래서 '말과 행동이 다르다'거나 '한 입 가지고 두 말을 한다'는 소리를 듣기도 합니다. '비싸면 좋은 것'이라는 소리를 계속 들은 마음은 '비싸면 뭐가 달라도 다르다'고 주장을 합니다. 그리고는 야채나 과일 가격이 무척이나 비싸다고 하면 먹고 싶어 안달을 하다가도, 가격이 폭락하면 언제 그랬느냐는 식으로 시큰둥해 합니다.

마음은 '다르다'는 것은 구경하기 좋아하면서도, 받아들이는 데는 어려움을 겪기도 합니다. 그래서 때로는 '너희와 우린 달라'라고 하며, 지역 간의 갈등이나 친구 간의 갈등, 그리고 세대 간의 갈등을 만들기도 합니다. 또한 이런 마음은 조선시대에는 노론과 소론, 남인과 서인으로, 그리고 현대에 들어와서는 보수와 진보로 뜻이나 이익을 같이하는 사람들끼리 정치적인 결합체가 되어 분쟁을 만들기도 합니다. 마음의 주특기 중 하나는 '너는 틀리고 나는 맞다.'입니다. 그래서 토론이나 논쟁하기를 무척이나 좋아합니다. 뿐만 아니라 이것은 종교 분파의 태동 역할을 함으로써 전 세계적으로 수많은 종파나 분파의 시작점이 되었습니다. 또한 이것은 지금도 진행 중에 있고, 앞으로도 계속될 것입니다.

마음은 모방을 아주 잘합니다. 그래서 부모님이나 주변 사람들의 어떤 말투나 행위들을 너무나 싫어하면서도 자신도 모르게 따라 하게 됨으로써 또 다른 고통을 만들기도 합니다. 마음은 늘 근심·걱정·두려움·슬픔·분노·짜증·불만·지루함·멸시·그리움·안달·원망·자책·염려·착각·권태·시기·질투·집착·탐욕·어리석음·비난 등을 활용하여 고통을 만들어 냅니다.

우리는 주변 사람들에게 알게 모르게 피해를 주기도, 도움을 받기도 하면서 살고 있습니다. 그런데 도움을 받은 것은 쉽게 잃어버리곤 하지만, 받은 고통은 쉽게 잃어버리지 못합니다. 이유는 고통의 기억이 더 자극적이기도 하지만 자기중심적인 사고를 하는 마음 때문입니다. 어찌 보면 배가 고픈 것보다 더 고통스러운 건, 사람들과의 갈등입니다. 그런데 마음의 주특기 중 하나가 바로 갈등 만들기입니다. 자기중심적인 사고를 하는 마음은 자신이 고집을 부리거나 잘못을 하더라도 그럴 수 있다며 쉽게 넘어 가면서도, 다른 사람들이 고집을 부리거나 잘못을 하면 못 견뎌 합니다. 그러다 서운한 감정이 느껴지면, 결코 잊지 않고 가슴 속에 새겨둡니다. 그리고 기회가 되면 언제든 그 감정을 되돌려 주며 갈등 만들기를 시작합니다. 그래도 이 과정에서는 도를 넘지 않는 선에서 갈등 만들기를 합니다. 그러나 이것이 반복이 되면서 억울하다는 느낌이 들면 마음은 꼬이기 시작합니다.

마음이 꼬인다는 것은 마음이 상처를 받았다는 뜻입니다. 또한 고통의 기억은 자신만 당하는 것과 같은 자기모순이나 자가당착에 빠져버리게 합니다. 그러면 마음은 어떻게든 '분출해야만 하는 에너지인 분노'를 품고 있다가 순리조차도 받아들이지 못하고 도를 넘는 무서운 행동들을 서슴없이 하게 됩니다. 이유는 자신이 받은 아픔은 돌려주는 것이 당연한 것이라고 생각하기 때문이기도 하지만, 분출해야만 하는 분노는 스스로 통제하기 어려운 에너지이기 때문이기도 합니다. 이렇게 해서 마음은 심할 경우 묻지마 식 폭행이나 연쇄 살인 같은 악惡을 만들어 냅니다. 마음이 이렇게까지 할 수 있는 이유는 본래 마음의 생김새가 한 살배기 어린아이와 같아서 무엇이 나쁜 것인지도 모르는 채, 남에게 피해를 주면 안 된다는 개념도 없고, 옳고 그름이라는 개념도 없는 천둥벌거숭이이기 때문입니다.

우리들은 이렇듯 마음의 어리석음 때문에, 마음이 하는 고집 때문에, 마음의 이중성 때문에, 철이 안 드는 마음 때문에, 문제를 만들고 싶어 하는 마음 때문에, 조용히 있지 못하는 마음 때문에, 자극을 원하는 마음 때문에, 없는 것을 찾는 마음 때문에, 착각을 잘하는 마음 때문에, 집착을 잘하는 마음 때문에, 멈추지 못하는 마음 때문에, 돋보이고 싶어 하는 마음 때문에, 변덕쟁이인 마음 때문에, 지루해 하는 마음 때문에, 이기적인 마음 때문에, 용서하지 못하는 마음 때문에, 시기 질투하는 마음 때문에, 근심 걱정하는 마음 때문에, 분노하는 마음 때문에 고통을 받고 있습니다. 마음이 바로 고통입니다.

마음에게 만족이란 없습니다. 때문에 마음으로 산다면 돈이나 명예, 그리고 지식으로도 채울 수 없는 공허함을 경험할 수밖에 없습니다. 그래서 마음으로 살다 간 수많은 사람들이 공통적으로 느끼는 것은 후회와 허무입니다.

마음은 대상에 고통의 감정을 입힌다

처음 수행을 하면서 주변 사람들의 움직임이나 소란 때문에 수행에 상당한 방해가 된다고 생각했습니다. 그래서 귀마개도 준비하고 가능한 조용한 곳을 찾으려고 애썼습니다. 그런데 새 소리를 생각하니 산속의 한적하고 평화로운 느낌이 들어서 기분이 좋았습니다. 사실 새의 소리를 자세히 들어보면 약간의 고음입니다. 다시 말해 편안한 저음은 아니라는 뜻입니다. 그렇다고 보면 새의 소리나 주변의 소리나 별 차이는 없습니다. 고통은 마음이 개입되어 그것을 좋아하고 싫어하면서 감정을 입히기 때문입니다. 마음이 싫어하는 감정을 입히지 않으면, 주변의 시끄러운 소리는 그저 일어나고 사라지는 소리일 뿐입니다. 다시 말해 마음으로 듣지 않고 귀로 들으면, 그 어떤 소리도 고통스럽지 않습니다.

마음이 고통을 만드는 과정을 살펴보면, 어디선가 소리가 들려와 귀에 닿으면, 그 소리가 좋아하는 것이면 갈망을 함으로써 고통을 만들고, 싫어하는 것이면 거부를 함으로써 고통을 만듭니다. 향기가 다가와 코에 닿으면, 마음은 그 향기가 좋아하는 것이면 욕망함으로써 고통을 만들고, 원치 않는 것이면 거부를 함으로써 고통을 만듭니다. 또한 좋아하는 사람이 있으면 보고 싶어 그리워함으로써 고통을 만들고, 싫어하는 사람이면 거부함으로써 고통을 만듭니다. 이러한 방식으로 귀, 눈, 코, 혀, 그리고 피부와 같은 오감을 통해 느끼는 것을 인식함으로써 마음은 재빠르게 좋아하고 싫어하며 고통을 만들어 냅니다. 고통은 이렇게 마음이 대상에 좋아하고 싫어하며 감정을 입히기 때문에 일어납니다.

마음의 약점

아주 오래 전 어느 날, 화가 나서 며칠을 굶은 적이 있습니다. 어차피 화가 나면 먹어도 소화가 되지 않으니, 굶는 것이 좋겠다는 생각을 했습니다. 그래도 하루 이틀은 견딜 만 했습니다. 그런데 3일째가 되자 음식들이 날아다니기 시작했습니다. 떡이 날아다니고, 과일이 날아다니고, 김밥이 날아다니고…… 온갖 먹고 싶은 음식들이 날아다녔습니다. 배가 고픈 것도 고통스러웠지만, 마음이 환시 현상으로 더 날뛰었습니다.

이렇듯 마음은 기회만 되면, 스스로를 활성화시킵니다. 이런 마음에게 먹잇감이 계속해서 제공되는 한 마음은 더 강하게 활성화되고, 그러면 깨달음은 없습니다. 때문에 늘 마음의 미세한 속성이나 반응 방식들을 알아차리는 것이 좋습니다. 깊이 있는 수행의 진보를 위해서도 이런 마음의 속성을 이해하는 것이 중요합니다.

이런 마음에게는 지금 이 순간에 고요히 머물지 못한다는 약점이 있습니다. 그래서 늘 과거나 미래를 상상하며 생각할 거리를 찾아 끝없는 이야기 속으로 빠져들어 갑니다. 고통이란 이런 이야기 속에 빠져들기 때문입니다. 그런데 몸과 마음을 알아차리면 고통으로부터 자유로워질 수 있습니다. 다시 말해 싫어하는 마음, 뭔가를 좋아하는 마음, 두려워하는 마음, 걱정하는 마음 등 마음이 만들어 내는 이야기를 있는 그대로 알아차리는 것이 그 방법입니다. 고통의 감정이 싫어서 도망치면, 마음은 더 큰 고통의 감정들을 만들면서 계속해서 따라옵니다. 그래서 마음이 만들어 내는 이야기에 반응하지 않고, 있는 그대로를 알아차리며 직시直視하는 것이 중요합니다. 또한 마음이 하는 일이 원래 고통 만들기임을 받아들이는 것이 필요합니다.

마음은 잠시도 쉬고 싶어 하지 않습니다. 늘 많은 이야기를 하고 싶어 합니다. 그래서 어느 순간 자신도 모르게 마음의 중얼거림 속으로 잠식되어 버리곤 합니다. 수행에서 이런 마음을 알아차리는 것은 쉽지 않습니다. 특히 '나의 것'이라면 아무리 작은 것이라도 소중히 여기는 마음을 알아차리는 것은 어렵습니다. 그래서 '나는 소중하니까', '내가 누군 줄 알아', '나는 이런 사람이야', '날 뭐로 보고', '나는 더 잘해', '난 달라', '난 귀한 사람이야' 등 자신도 모르는 사이에 우월감을 먹고 자라나는 마음의 속성을 알아차릴 수 있어야만 합니다.

수행을 하면서 마음에서 일어나는 대로 지켜본다는 느낌으로, 있는 그대로를 바라본다는 느낌으로 마음을 계속해서 알아차렸습니다. 수행이 진보하자 '아는 마음'이 슬픔을 알아차리면 마음은 더 이상 슬픔을 만들지 못하고, 두려움을 알아차리면 마음은 더 이상의 두려움을 만들지 못했습니다. '아는 마음'이 계속해서 고통스러워하는 마음을 알아차리자 고통은 고통스러운 아픔이 아니라 그저 일어나고 사라지는 현상으로 다가왔습니다. 슬퍼하는 마음도 일어나고 사라지고, 아파하는 마음도 일어나고 사라져 갔습니다. 감정들은 그저 일어나고 사라졌습니다. 고통으로 느껴지던 상황이 고통이 아닌 현상으로, 이해로 다가왔습니다. 들에 핀 꽃이 저절로 피어났다가 저절로 사라져 가듯이, 마음은 저절로 일어났다가 저절로 사라져 갔습니다.

알아차림의 저력인 '아는 마음'

지하철을 탔습니다. 순간 배가 고프다는 생각을 하는데, 옆으로 어린아이가 지나갑니다.

순간 마음이 말을 합니다.

"아~ 그! 배고파."

이 마음을 지켜보던 '아는 마음'이 어이없어 웃고 맙니다.

아침이면 영양제를 먹습니다. 실수로 한 알을 바닥으로 떨어뜨렸습니다.

순간 마음이 말합니다.

"이 나쁜 영양제 같으니라고!"

지켜보던 '아는 마음'이 어이없어 웃습니다.

마음은 무엇이든지 자기 마음대로 되면 '좋은 것', 안 되면 '나쁜 것'이라고 합니다.

마트에 갔습니다. 꼭 필요한 상품은 아닙니다.

그런데 판매원에게서 "마지막 세일입니다." 하는 소리가 들려옵니다.

순간 마음은 조급해지기 시작합니다.

그러고는 그것이 필요한 여러 가지 이유를 만들어 냅니다.

헬스장에서 못 보던 사람이 보입니다. 그 사람이 물을 먹습니다.

순간 마음이 말을 합니다.

"우리 거 왜 허락도 없이 먹어?"

지켜보던 '아는 마음'이 어이없어 웃고 맙니다.

공항에서 발권을 하기 위하여 의자에 앉아서 기다리고 있었습니다.

노년의 멋을 부린 신사가 지나가는데, 그에게서 당당함과 충만한 자신감의 에너지가 흘러나옵니다.

순간 마음이 말을 합니다.

"오래 못 살고 죽을 텐데!"

지켜보던 '아는 마음',

"헐."

여름날 밤에 창문을 열고 잠을 자다가 빗소리에 깨어서 이런 저런 일을 하다 보니 아침이 되었습니다.

가족과 함께 아침 식사를 하고 나서 다시 잠자리에 누웠습니다.

순간 마음이 말을 합니다.

"가족은 나가서 일을 하고 있는데, 잠을 자도 되는 거야?"

'아는 마음'이 평안하게 마음을 지켜봅니다.

닭곰탕을 끓였습니다. 닭다리가 보이자 순간 마음이 말합니다.

"내가 먹어야지. 라라~라~."

마음이 욕심을 부립니다.

때문에 닭다리를 다른 사람에게 주어야겠다고 생각했습니다.

마음이 다시 말합니다.

"닭다리를 잘라서 나누어 먹자."

닭다리는 먹지 말아야겠습니다.

알아차림의 저력인 '아는 마음'은 좋아하고 싫어하는 마음이
하는 감정놀이에 휩쓸리지 않고, 마음을 평화롭게 지켜봅니다.
그래서 삶은 코미디가 되고, 그리고 춥거나 더워도 고통스럽지
않고, 부족하거나 배가 고파도 고통스럽지 않습니다. 고통은 마
음을 지켜보는 '아는 마음'의 힘이 발휘되지 못하기 때문입니다.
알아차림의 저력인 '아는 마음'은 아이들이 천진난만하게 노는
것을 바라보듯이, 천방지축인 마음을 늘 지켜봅니다. 평화롭고
행복한 눈으로요.

10장
무상, 고, 무아

위빠사나 수행을 통해 고통으로부터 벗어나는 과정은 크게 3단계로 볼 수 있습니다. 그 첫 번째 단계는 마음의 정화, 두 번째 단계는 몸의 정화, 세 번째 단계는 깨달음입니다. 그리고 각각을 세분화해 보면 마음의 정화는 다시 넷으로 분류가 됩니다. 첫 번째는 지금의 정화, 두 번째는 단기 기억의 정화, 세 번째는 장기 기억의 정화, 그리고 네 번째는 원한이라고도 하는 마음에 맺힌 아픔의 정화입니다. 몸의 정화는 첫 번째 육체라고 하는 물질의 정화, 두 번째는 분리감의 정화입니다. 그리고 깨달음은 쿤달리니 에너지를 경험하면서 고통으로부터 벗어난 만큼 순서대로 수다원, 사다함, 아나함, 아라한입니다.

이 모든 단계는 마음이 원한다고 해서 되는 것이 아니고, 또한 어떤 의지로 넘어갈 수 있는 것도 아닙니다. 이것은 수행의 과정에서 무아인 자연성에 의해 저절로 이루어지는 과정입니다. 그리고 마지막 단계인 깨달음은 고통을 초월하고, 죽음까지도 초월한 무아의 상태에서 저절로 이루어집니다. 그러기 위해서는 먼저 모든 법이 가지는 보편적 특성인 무상, 고, 무아의 의미를 꿰뚫어 체득體得할 수 있어야만 합니다. 사전적으로 보면, 무상無常이란 항상 하지 않다는 뜻입니다. 다시 말해 무상이란 영원하지 않다는 뜻이며, 변화하여 사라지고 소멸된다는 뜻입니다. 고苦란 무상함이 곧 고통이며 괴로움이라는 것을 이해하고 받아들이는 것입니다. 그리고 무아無我는 몸과 마음은 늘 변화하므로 괴로움이고, 여기에 '나'라고 하는 실체가 없다는 의미입니다. 그래서 위빠사나의 알아차림을 통해 무상, 고, 무아의 의미를 꿰뚫어 체득하게 되면, 고통스러워할 '나'란 실체가 없다는 것을 체험을 통해 인식하게 되고, 그러면 존재 자체로서 기쁨과 평화로움 속에 머무르게 됩니다.

무상無常

수행에서 무상을 보기 위한 핵심은 수행력입니다. '나' 있음의 상태로 보아도 볼 수 있지만, 수행력이 없으면 볼 수 없습니다. 행선에서 무거움이 항상하지 않음을, 따뜻함이 항상하지 않음 같은 거친 무상은 조금만 집중하면 볼 수 있습니다. 그러나 몸에서 일어나고 사라지는 미세한 무상은 보기가 힘이 들었던 것으로 기억됩니다. 미세한 무상은 몰입의 알아차림이 바탕이 되어 수행력이 있어야만 볼 수 있습니다. 다시 말해 무아와는 다르게 집중력이 어느 정도 있는 상태에서 저절로 집중되고, 저절로 알아차려지는 정도의 수행력이 되어서야 미세한 무상을 볼 수 있습니다. 그래서 미세한 무상을 보기 위해서는 먼저 주 집중 대상을 지속적으로 끈기 있게 몰입해서 알아차림으로써 어느 정도는 수행력의 개발이 선행되어야 합니다.

삼라만상 모든 것이 일어나고, 변화되어 사라져 가는데, 무엇을 잡을 수 있을까요! 봄에 새로 돋은 나뭇잎이 가을이면 낙엽이 되어 사라져 가듯이 모든 것이 변화합니다. '이' 육체도 계속해서 변화합니다. 단 한 순간도 멈추어 있지 않습니다. 이 순간의 호흡은 그 다음 순간의 호흡과 다릅니다. 이 순간의 몸 역시도 다음 순간의 몸과는 다릅니다. 순간순간이 다릅니다. 물질은 생성 쪽으로 변화하다 소멸 쪽으로 변화되어 사라져 갑니다. 멈추려 해도 멈추어지지 않습니다. 바람을 잡을 수 없는 것처럼 모든 생명체는, 본인의 의지와는 관계없이 생겨났다가는 사라져 갑니다.

고苦

뱃속의 아이는 엄마의 고통이 있어야만 세상에 나올 수 있습니다. 엄마가 고통을 거부한다면 아이는 세상에 건강하게 나올 수 없습니다. 고통에 저항하는 것이 아니라 당당히 마주할 때, 아이는 비로소 세상에 건강하게 나올 수 있습니다.

우리는 몸이 아파서도 고통스럽지만, 원하는 대로 되지 않아서도 고통스럽습니다. 살아 있음이 고통입니다. 원하는 행복도, 원하지 않는 고통도 저절로 다가왔다 저절로 사라져 갑니다. 몸은 기계처럼 저절로 작동이 됩니다. 저절로 간이 작동되고, 저절로 심장이 박동하고, 저절로 눈꺼풀이 움직이면서 존재합니다. 기계가 고장이 나듯이 몸도 고장이 납니다. 육체의 고장이 바로 고통입니다. 육체가 소멸하는 과정 중에 나타나는 고장은 자연스러움입니다. 아프지 않으려고 노력해도, 늙지 않으려고 노력해도 시간이 지나면서 결국은 저절로 고장이 나고, 저절로 늙습니다. 그리고 저절로 죽습니다. 다시 말해 무상입니다. 그만 아프고 싶다고 해서 아픔이 멈추어지지 않습니다. 늙고 싶지 않다고 발버둥을 쳐 보아야 소용없습니다. 살고 싶다고 해서 더 살아지는 것도 아닙니다. 몸이 존재하는 방식이 원래 소멸이기 때문입니다. 육체는 매일 조금씩 죽어가고 있습니다. 육체의 아픔은 물질이 일어나고 소멸하는 과정에서 나타나는 자연스러운 현상입니다.

경험적으로는, 수행을 통해 몸과 마음이 정화가 되자, 고통은 생명체가 존재하는 방식으로 저절로 이해되어 다가왔습니다. 마음에서 고통의 감정이 일어날 때, 그 감정과 하나가 된 것을 지켜보면 고통의 감정이 안개처럼 온몸에 서려 있음이 보입니다. 고통의 감정을 알아차리는 순간, '마음이 이런 것을 고통으로 인식하는구나.'라고 깨우쳐지고, 고통은 고통 아닌 현상이 됩니다. 행복이 다가왔다 사라져 가듯이 고통도 저절로 다가왔다 저절로 사라져 가는 현상입니다. 고통이 다가오려는 순간, '아는 마음'은 그것이 진실이 아니라며 다시 평화로움으로 젖어드네요.

무아無我

우리 몸에는 두 개의 힘이 작용하고 있습니다. 하나는 뭔가 하고 싶다는 욕망, 뭔가 가지고 싶다는 욕망, 뭔가 하기 싫다는 욕망인 '나'라는 마음의 힘입니다. 또 다른 하나는 마음의 힘이 아닌, '나' 없음인 무아의 힘입니다. 예를 들어 소화가 저절로 된다든지, 호르몬이 저절로 분비된다든지, 호흡이 저절로 된다든지 등등은 무아의 힘입니다. 그런데 욕망인 '나'라는 마음의 힘은 매우 강합니다. 그러나 상대적으로 '나' 없음인 무아의 힘은 부드러움, 자연스러움인 자연성입니다. 강한 것이 있는 한 부드러움, 자연스러움은 드러날 수 없습니다. 원하는 마음이 강할수록, 싫어하는 마음이 강할수록 그 힘에 가려져 부드러움, 자연스러움의 힘은 드러날 수 없습니다. 이것이 바로 무아를 보기 어려운 이유입니다.

그래서 뭔가를 원하는 마음에 따라 행동하는 것이 아니라 그저 그 마음을 지켜보며 알아차리면 무아는 쉽게 볼 수 있습니다. 다시 말해 무아의 힘이 발현될 수 있도록 마음의 힘(좋아함, 싫어함 등)을 내려놓으면 무아는 쉽게 볼 수 있습니다. 무아를 보기 위해서는 가능한 마음을 사용하지 않을수록 유리합니다. 마음을 사용하면 무아는 드러날 수 없기 때문입니다. 그래서 쉬고 싶어 하는 마음, 더 많이 먹겠다는 마음, 빨리 하고 싶어 하는 마음, 싫어하는 마음 등등, 마음이 원하는 대로 움직이는 것이 아니라 그냥 그 마음을 지켜보며 알아차리면 무아는 쉽게 볼 수 있습니다. 뿐만 아니라 이것은 마음의 힘을 약화시키는데, 좀 더 집중하게 함으로써 좀 더 빠른 수행의 진보를 경험하게 합니다.

대부분의 사람들은 마음에게 잠식당한 채로 살고 있습니다. 이런 마음으로부터 자유로워지기 위해서는 마음을 가능한 한 사용하지 않는 것이 가장 좋습니다. 그래서 알아차림은 마음의 의지가 가미되지 않은, 있는 그대로의 몸과 마음을 알아차리는 것이 중요합니다.

무아는 자연성입니다. 무아의 크기는 마음을 사용하지 않는 '만큼'입니다. 그래서 마음으로부터 벗어난 '만큼'입니다. 깨달음은 무아의 연장입니다. 때문에 무아를 경험하지 못한다면 깨달음 또한 경험할 수 없습니다. 쉬운 것부터 의지를 내려놓으면 됩니다. 위가 음식이 위장에 들어오면 거부하지 않고 자연스럽게 소화를 시키듯이, 다가오는 삶의 상황을 좋아하고 싫어함 없이 수용하면서 알아차리면 '나라는 것은 없다.'는 통찰이 다가옵니다. 그래서 '삶에는 주체가 없음'이, 몸이 '나'가 아님이, 마음이 '나'가 아님이 보입니다. 몸은 본래부터 가지고 있는 존재방식에 의해 당당하게 존재함이 보입니다.

11장
깨달음을 향하여

깨달음은 마음이 침묵할 때이다

일상에서 아침에 의식이 깨어나면 마음은 바로 어제 있었던 일들을 되새김질하는 것으로 하루를 시작합니다. 처음에는 가장 자극적인 것들을 생각해 내고, 이를 알아차리면 그 다음의 자극적인 것들을 생각하며, 계속 생각 속으로 빠져들곤 합니다.

수행이란 알아차림을 통하여 이렇게 활성화되는 마음속의 내용물들을 정화시켜 가는 과정입니다. 알아차림을 통해 지금 마음속에 있는 내용물들이 정화가 되면, 마음은 기억의 저장고에 있는 내용물들을 꺼내어 되새김질을 하며, 계속해서 스스로를 활성화시켜 갑니다. 이 내용물이 좋아하는 것이면 미소를 짓고, 싫어하는 것이면 고통스러워하면서 존재합니다. 계속되는 알아차림을 통하여 이러한 기억 속의 내용물들마저 정화가 되었을 때, 비로소 두려움과 걱정 같은 마음의 고통으로부터 벗어나기 시작합니다.

108

그런데 경험적으로 보면, 이런 과정에서 대화를 하게 되면 한 만큼, 마음은 다시 활성화되었습니다. 알아차리면서 대화를 한다고 해도 소용없습니다. 왜냐하면 마음을 활성화시키는 것은 대화의 소리보다는 내용이기 때문입니다. 다시 말해 대화를 하면 마음은 계속해서 활성화되어, 정화라는 작업의 진도를 나갈 수 없습니다. 그러면 고통으로부터도 벗어날 수 없습니다.

한 명상센터에서는 하루 종일 말 한마디 안 하는 날이 많았습니다. 그런데 인터뷰가 있는 날은 보고 때문에 말을 많이 하는 날입니다. 그래서 인터뷰가 있는 날은 마음이 활성화되어 날뛰었습니다. 인터뷰는 꼭 필요하지만, 때로는 인터뷰조차도 수행에 방해가 된다는 생각이 들었습니다.

요즈음은 깨달음의 나라인 인도에서도 그렇지만 전 세계적으로도 명상을 하는 사람들이 많습니다. 많은 사람들이 고통으로부터 벗어나기 위해, 깨달음을 성취하기 위해서 수행을 하고 있습니다. 오로지 수행에만 전념하는 사람들도 많습니다. 그런데도 쉽지만은 않습니다. 그것은 고통을 만드는 데 재주꾼인 마음이 평생을 살아오면서 알게 된 마음의 내용물들을 총동원하여 저지하기 때문입니다. 마음에게 깨달음이란 죽음을 의미합니다. 때문에 마음은 스스로를 활성화시킬 수 있는 방법들을 총동원할 수밖에 없습니다. 마음은 스스로를 활성화시키기 위해서 잠시도 쉬지 않고 노력합니다. 그래서 마음이 원하는 대로 움직여서 마음이 활성화된다면 깨달음은 없습니다. 다시 말해 깨달음의 반대가 마음이고, 마음의 반대가 깨달음입니다. 말을 하지 않는 것은 마음에게 스스로를 활성화시킬 그 어떠한 기회도 주지 않고, 오직 알아차림만 하겠다는 의지의 표현입니다. 말을 하고 싶어 하는 욕망을 뛰어넘어 초월할 수 있을 때, 비로소 마음의 고통으로부터 벗어날 수 있습니다.

완전한 알아차림은 침묵의 상태입니다. 그래서 대화를 하는 도중에는 무거움이나 가벼움 같은 법은 볼 수 없습니다. 말을 하지 않는 것은 고통이지만, 깨달음으로 가는 지름길입니다. 수행의 진보는 침묵의 상태에서 이루어집니다. 뿐만 아니라 깨달음 역시도 침묵의 상태에서 이루어집니다.

깨달음은 간절함 속에 있다

지금까지 살아온 날들을 되짚어 보면, 은행에 적금을 들고는 해약하지 않고 끝까지 납입을 한 적이 없는 것 같습니다. 항상 뭔가를 이유로 중도에 해약을 하였습니다. 그래서 적금을 들 때면, 돈이 모아지는 만큼만 모아서 언제든 필요할 때 해약하겠다는 마음으로 적금을 들기도 합니다. 그래서인지 오래 전엔 '나'란 사람은 뭐든 끝까지 못하는 사람인가, 하는 의문을 가진 적도 있습니다. 그럼에도 다른 한편으로는 사막에 홀로 떨어져도 살아서 돌아올 수 있다는 막연한 자신감이 있었습니다.

성격적으로는 말을 많이 하는 게 어렵습니다. 그래서인지 친하게 지내는 친구가 없습니다. 더구나 수행을 시작하면서부터는 집중 수행이나 여행으로 몇 달씩 멀리 떠나 있다 돌아오는 경우가 자주 있어서인지 사람들에게서 '잊혀져 가는 사람'이라는 느낌마저 들었습니다. 어쨌든 다른 사람들과의 왕래가 적어서 수행에는 좀 더 집중할 수 있었는지 모르겠습니다. 그러고 보면, 수행하기에는 딱 좋은 성품인 것 같습니다.

처음 접한 깨달음이란 단어는 참으로 생소하고 낯설게만 느껴졌습니다. 그럼에도 너무 고통스러웠던 삶이 깨달음으로 다가가게 했고, 자연스럽게 알아차림의 수행을 시작하게 되었습니다.

너무 힘들어서 수행처를 떠나고 싶을 때에는, 그래도 포기할 수는 없다고 스스로에게 다짐을 하며 견뎌냈습니다. 마음에게 더 이상 휘둘리지 않겠다고, 결코 물러나지 않겠다는 오기로 버텼습니다. 이렇듯 삶이든 수행이든 포기하지 않게 해주는 것이, 바로 고통에서 벗어나고 싶어 하는 간절함입니다. 그런데 이 간절함은 고통으로부터 나옵니다. 고통이 클수록 더 간절합니다. 그래서 간절함의 크기는 고통스러웠던 '만큼'입니다. 간절함은 힘들 때마다 버틸 수 있는 인내력을 만들어줍니다. 죽을 것 같은 고비를 넘길 수 있는 힘도 이 간절함으로부터 나옵니다. 간절함의 또 다른 이름은 노력입니다. 노력은 자신의 모든 역량을 모아 최대한의 능력을 발휘하게 합니다. 노력은 깨달음이라는 기적을 만들어 냅니다.

마음에게 휘둘리면 깨달음은 없다

어느 초등생의 꿈이 건물주라는 이야기를 들은 적이 있습니다. 참으로 놀라웠습니다. 그렇다면 과연 돈을 많이 가지고 있는 부자들은 자신이 가지고 있는 돈에 만족할까요?! 아니 행복하기는 한 걸까요?! 물론 행복한 사람들도 있겠지만, 대부분의 사람들은 더 많은 재물을 얻기 위해서 노력을 멈추지 않고 있는 것 같습니다. 그렇게 다람쥐가 쳇바퀴 돌듯 마음이 하는 탐욕, 분노, 어리석음의 놀이에 휘둘리면서 고통에 치이다 결국 생을 마감하게 됩니다. 후회하면서요.

'마음에게 휘둘리지 말라.'

삶이 고통스럽고 수행이 힘든 건, 마음에게 휘둘리기 때문입니다. 그래서 이 말을 집에서나 수행처에서나 늘 벽에 써서 붙여놓고 가슴에 새기듯 되새김질을 하였습니다. 마음이 끝없이 이야기들을 만들어 내는 것을 지켜보면서 알아차렸습니다. 마음이 깨끗하고 더 좋은 것을 원하면 도리어 다른 사람에게 주어버렸습니다. 마음이 음식을 더 먹길 원하면 수저를 놓아버렸습니다. 마음이 물을 먹고 싶어 하면 그냥 그 마음을 지켜보았습니다. 거울을 보고 싶어 해도 그냥 그 마음을 지켜보았습니다. 그만 아프고 싶어 하는 마음을 지켜보았습니다. 마음은 원하는 모든 것을 다 준다고 하더라도 만족하지 않습니다.

마음은 늘 자신이 원하는 것에 대한 정당성을 확보하려 합니다. 이런 마음에게 조금이라도 여지를 주는 순간, 마음은 해야만 하는 또 다른 이유들을 만들어 내며 더 강한 욕망을 드러냅니다. 그래서 마음에게는 그 어떠한 방법도 시도하지 않는 것이 좋습니다. 방법을 시도해 보았자 그 주제와 임기응변은 결코 끝이 없기 때문입니다. 그저 마음이 하는 대로 명칭을 붙이며 알아차리는 것 이외에는 달리 방법이 없음을 받아들이는 것이 좋습니다. 우울증, 불안증, 두려움, 트라우마, 원한 같은 마음의 고통으로 인해 깊은 고통의 수렁 속에서 헤어 나오지 못하거나 수행이 어려운 이유도 '마음이 만들어 내는 고통의 미로'에서 길을 잃고 헤매기 때문입니다. 마음이 슬픔을 만들면 만드는 대로, 두려움을 만들면 만드는 대로 명칭을 붙이며 있는 그대로를 지켜보고 알아차리는 것이 가장 좋은 방법입니다. 마음이 고통을 만들어 낼 때, 그 고통에 반응할수록 마음은 더 큰 슬픔과 더 큰 두려움을 계속해서 만들어 냅니다. 어쨌든 마음은 고통들을 현실 속으로 가져오지 못합니다. 그러니 당당히 고통스러워하는 마음과 마주하세요. 고통을 만드는 마음과 당당히 마주할 때야 비로소 마음도 고통 만들기를 중단할 수 있습니다.

그리고 마음에 생각이 일어나면 그 생각대로 움직이는 것이 아니라 필요에 따라 선택해서 사용하면서, 마음이 스스로를 활성화시킬 수 있는 환경적, 시간적인 기회를 주지 않는 것이 중요합니다. 그래서 마음이 더 이상의 고통을 만들 여지를 주기보다는 '마음은 원래 그렇다'는 것을 되새기며 있는 그대로의 몸과 마음을 알아차리는 것이 고통으로부터 벗어날 수 있는 최고의 방법입니다. 마음으로부터 자유로워지기 위해서는 마음이 하는 감정놀이에 휘둘리지 않을 수 있어야 합니다. 마음에게 휘둘리는 '이'가 깨달음을 성취할 수는 없기 때문입니다.

수행에 지치고 힘들 때마다, 수행처를 뛰쳐나가고 싶을 때마다 마음에게 휘둘리지 않겠다고, 결코 물러나지 않겠다는 오기로 버텼습니다. 몸이 아파도 더 이상 물러날 곳이 없다고 생각했습니다. 그리고 계속해서 알아차림 속에 머무르며 버티자 도리어 모든 것이 평화로움으로 다가왔습니다. 고통스러워하는 마음을 초월하는 것이, 지금까지와는 다른 세상으로 나아가는 길이었습니다. 수행은 마음과의 싸움이었습니다. 깨달음은 마음, 그 너머에 있었습니다.

깨달음은 '나' 없음의 상태다

세상에 자신을 사랑하지 않는 사람은 없습니다. 자기 사랑은 존재 방식입니다. 아무리 자식을 사랑한다고 하지만 자기

만큼은 아닌 경우가 많습니다. 사람들이 표현하는 사랑 가운데, "널 위해서라면 나는 죽어도 괜찮아."라고 말할 수 있는 사랑이 얼마나 될까요? 사랑하는 사람을 잊지 못해 통곡하는 사랑조차도 사실은 자기 사랑의 한 표현입니다. 어쩌면 대부분의 사랑이 자기 이익이 최우선입니다. 사실 자기를 포기한다는 것은 매우 어렵습니다. 포기를 하려고 해도 안 되는 것이 '나'입니다. 죽음의 순간까지도 잘 안 됩니다. 수행이란 이렇게 포기할 수 없는 '나'를 포기해 가는 과정입니다.

수행 초기에, 좌선을 하는데 주변에서 시끄러운 소리를 내는 사람들이 있었습니다. '내'가 방해를 받는다는 생각이 드니 마음이 활성화되면서 그 소리가 싫고, 소리를 내는 사람이 싫었습니다. 그리고 계속해서 '어떻게 하면 조용해질 수 있을까?', '저 사람이 다른 곳으로 가면 얼마나 좋을까?' 하며, 마음은 여러 가지 방법을 찾으며 생각할 거리를 만들어 냈습니다. 이렇듯 삶에서 '나'가 최우선이 되면 마음은 더욱 더 활성화됩니다.

마음은 늘 '나'라는 것의 먹잇감을 기반으로 하여 존재합니다. 그러나 깨달음은 '나' 없음의 상태입니다. 다시 말해 좋아하거나 고통스러워할 '나'가 없습니다. 그래서 깨달음이 목표라면 '나'가 원하는 것을 주지 않을수록, '나'를 주장하지 않을수록, 그리고 '나'를 강화하지 않을수록 유리합니다. 수행력은 '나'가 없는 '만큼'입니다. 그래서 살고자 하는 '나'조차도 저항 없이 내맡기며,

죽음조차도 받아들일 수 있을 때 마음은 도리어 꽃이나 나무처럼 고요하고 평화롭습니다.

깨달음은 저절로의 알아차림 시간 속에서 이루어진다

사실 수행을 해보면, 알아차림을 계속해야 할 이유보다는 멈추어야 할 이유가 더 많습니다. 수행은 이런 마음과의 싸움입니다. 마음이 만들어 내는 고통이나 유혹에 넘어가지 않기는 참으로 어렵습니다.

그래서 이런저런 마음에 충실하다 보면 알아차림은 멈출 수밖에 없습니다. 마음이 만들어 내는 타당한 이유에 넘어가지 않기는 참으로 어렵기 때문입니다. 그동안 마음으로 살아왔으니 당연한 일입니다.

아기가 걸음마를 배우며 길을 걷다가 넘어지면, 길에 넘어진 채로 우는 아기가 있는가 하면, 아무 일도 없었던 것처럼 다시 일어나서 걸어가는 아기도 있습니다. 길에 넘어져 우는 아이에게는 무릎에 아픔이라는 멈추어야 할 당연한 이유가 있습니다. 그럼에도 다시 일어나서 걸어가는 아이처럼 수행자는 이런저런 고통을 초월하여 아무 일 없었던 것처럼 알아차림을 계속할 수 있어야 합니다. 만약 아이가 무릎이 아프다는 이유로 걷는 것을 포기한다면 아이의 미래는 어떻게 될까요? 수행에서 알아차림을 포기하거나 대충 한다는 것은 아이가 걷기를 포기하는 것과 다름이 없습니다. 때문에 마음이 만들어 내는 그 어떤 이유에도 휘둘리지 말고, 넘어지고 또 넘어져도 이유를 불문하고 다시 일어나 알아차림을 계속할 수 있는 수행자로 자신을 단련하는 것이 중요합니다. 그래서 가능한 한 멈추지 않고, 있는 그대로의 몸과 마음을 몰입하여 정확히 알아차릴 수 있다면 결국 깨달음인 성인聖人의 도道와 과果를 성취할 수 있습니다. 깨달음은 '저절로'의 알아차림 시간 속에서 이루어지기 때문입니다.

내맡김이 없다면 깨달음도 없다

사람은 감정의 동물이라고 하던가요? 그래서인지 기분이 좋을 때와 그렇지 않을 때, 이해의 폭이 다릅니다. 몸이 아프거나 건강할 때도 역시 마찬가지입니다. 또한 이해의 폭은 친분이 있느냐 없느냐에 따라서 달라질 수 있지만, 주관적으로 바라보느냐, 아니면 객관적으로 바라보느냐에 따라서도 다르고, 경제적인 여유가 있느냐 없느냐에 따라서도 다릅니다. 뿐만 아니라 나이가 들어감에 따라서도 달라지고, 어떤 교육을 받았느냐에 따라서 혹은 전문성이 있느냐, 없느냐에 따라서도 이해의 폭은 다릅니다. 이외에도 자신이 상처를 받은 상황을 만나게 되면 누구라도 이해의 폭은 현저히 낮아집니다. 그리고 대부분의 사람들이 자신의 이익에 따라서 이해나 받아들임의 정도가 달라지는 것은 어쩌면 당연한 것인지도 모르겠습니다.

이렇듯 사람들 마음마다 이해의 정도가 다릅니다. 그럼에도 마음은 함께하는 사람들이 늘 변함없이 자신을 이해해 주기를 요구합니다. 뿐 아니라 마음은 자신의 잘못은 보지 못하면서도 다른 사람들의 잘못은 잘 본다는 특징이 있습니다. 그래서 주변 사람들과의 마찰은 어쩌면 당연한 것인지도 모르겠습니다. 마음은 늘 시시때때로 변덕을 부립니다. 때문에 상대의 잘못을 비난하기보다는 자신이 할 수 있는 이해와 판단의 정도가 정답이 아님을 받아들이는 것이 좋습니다. 그래서 이 모든 것을 너그럽게 이해하고 받아들인다고 하더라도 평생을 살아가면서 잊히지 않을 만큼 아픈 상처를 준 사람을 이해하며 평화롭게 상대하기는 어렵습니다. 분명 남모르는 사람을 도와주는 사랑은 쉽지만, 자신을 너무도 괴롭힌 사람들에게 친절하기는 어렵습니다. 경험적으로 보아도, 수행 중에 원한이라고도 하는 맺힌 마음으로 인한 고통이 올라올 때는 알아차림을 할 수 없을 정도로 마음이 날뛰었습니다. 고통스런 기억으로 견디기가 힘들었습니다. 수행 중 어려운 고비였습니다. 이 고통에 비하면 몸이 아프고, 마음이 좋아하고 싫어하는 고통은 투정에 불과했습니다. 죽음은 받아들일 수 있지만, 원한의 고통을 준 사람은 용서가 되지 않았습니다.

그런데 이미 지은 업에 의해 자신이 부잣집에 태어날 것인지, 가난한 집에 태어날 것인지는 이미 주어진 것입니다. 그리고 어떤 부모를 만날 것인지 역시도 이미 주어진 것입니다. 이처럼 살아가면서 만나는 사람이나 삶의 어려운 상황들도, 원치 않지만 이미 주어진 것입니다. 다시 말해 자신을 괴롭히는 사람이 누구든, 아픔이나 고통 역시도 이미 준비되어 있는 것입니다. 그래서 이 모든 것은 자신으로서는 어찌할 수 없는 것으로서 내맡기고 수용하는 것이 좋습니다.

그 누구도 육체의 늙음이나 병듦, 그리고 죽음을 피할 수 없습니다. 살고 싶다고 해도 때가 되면 숨은 저절로 멈추게 되어 있습니다. 그러나 살아야 할 운명이라면 하늘(원인과 결과에 의해)은 기적을 행해서라도 살립니다. 그러니 깨달음을 원한다면 '나'조차도 하늘(원인과 결과)에 내맡기십시오.

"이 존재에 대한 모든 것은 뜻대로 이루소서."
"이 육체의 죽음까지도 뜻대로 이루소서."

이렇게 가장 강한 살고자 하는 집착조차도 초월한 상태에서 올 것은 오고 겪어야 할 것은 겪을 뿐이라는 마음으로, 저절로 집중되고 저절로 알아차려지는 상태를 유지합니다. 이것은 중요합니다. 때문에 가능한 알아차림을 멈추지 않는 것이 좋습니다. 그래서 평안한 마음으로 모든 것을 자연성인 저절로의 흐름에 내맡기면, 누구라도 깨달음의 그 순간을 경험할 수 있습니다. 자연스럽게 저절로요.

12장
수행이 간절했던 이유

아주 오래 전, 그러니까 50년보다도 더 오래 전, 시골에서 살았을 때이니까 아마 초등학교 1학년인가 2학년 때인 것 같습니다. 그때는 아궁이에 불을 지펴 큰 가마솥에 밥을 하고, 우물에서 두레 박으로 물을 길어 쓰던 시절이었습니다. 계절은 기억나지 않지만 따뜻한 어느 날 오후였습니다. 우물가에서 머리를 감고 있었습니다. 그리고 호스처럼 구멍이 나 있는 호박잎 줄기를 가지고 호스 놀이를 하고 있었습니다. 호박잎 줄기를 통해 물이 졸졸 흐르는 게 너무 신기하고 재미있었습니다. 시간 가는 줄도 모르고 그렇게 한참을 놀고 있는데, 우물가 바로 옆 사랑방에서 천자문을 읽 는 소리가 들려왔습니다. 순간 '멍' 한 느낌이 들었습니다.

'어! 무슨 소리지?'

막냇삼촌과 남동생이 유학자이신 할아버지의 가르침에 따라 천자문을 읽는 소리였습니다. 여자라는 이유로 저를 제외시킨, 남자들의 글 읽는 소리. 사랑방에서 들려오는 이 낭랑한 소리는

120

누군가에게는 기쁨의 소리이고 희망의 소리였습니다. 그러나 저에게는, 너무나 또렷이 들려온 그 소리는 같은 자식으로서 대접받지 못하고 존중 받지 못하고 소외당하는 아픔의 소리였습니다. 여자가 무엇인지도 모르면서 여자이기 때문에 겪어야만 했던 아픔의 시작이었습니다.

제게는 할머니가 두 분 계셨습니다. 그런데 큰할머니께서는 제게 하시는 말씀이 있었습니다.

"딸은 시집가면 남이야!"

이 소리는 그 당시에도 너무나 싫었습니다. 가족으로부터 소외당한다는 느낌, 혼자라는 느낌은 10살 정도 된 어린 여자 아이에게는 아마도 큰 두려움이었고 슬픔이었을 것입니다. 그런데 분명 '결혼하면 남이 되는 것'이라면서, 문제는 결혼도 하기 전에 이미 남이었습니다. 아니 태어나는 순간부터 이미 남이었습니다.

"가슴 아프게~, 가슴 아프게~"

바로 얼마 전까지만 해도, 어떻게 가슴이 아플 수 있는지 이해가 되지 않았었습니다. 그런데 원치 않는 상황들이 반복되면서 어찌할 수 없는 고통이 막막함으로 다가오자, 어느 날인가부터 가슴이 아파왔습니다. 위장도 심장도 아닌 가슴이 아팠습니다. 그러면서 소화가 안 되고, 가슴이 답답했습니다. 소외감 등으로 인해 마음의 아픔이 정점에 다다르자, 육체가 고장 나기 시작한 것입니다. 가슴이 너무 답답해 어디에 있든 편안하지 않았습니다. 숨 쉬는 것조차 고통이었습니다. 마음은 점점 고통의 나락으로 떨어지고 있었습니다. 살아 있다는 것이 견딜 수 없는 고통이었습니다. 결국 자살을 결심할 수밖에 없었습니다. 죽기 위해서 약국마다 돌아다니며 수면제를 한 알씩 사 모으기 시작했습니다. 그리고 얼마 후, 모아 놓은 약을 먹으려고 보니까 없어졌더라고요. 견디기 힘든 허탈감이 왔습니다. 결국 집을 떠날 방법을 찾다가 스님이 되기로 결심을 하고, 서울에 있는 어느 절을 찾아갔었습니다. 그때 뵌 스님은 비구셨는데, 이런저런 이야기를 나누고 돌아오는데, 왠지 싫었습니다. 얼마 전까지만 해도 하나님과 예수님을 따르는 신앙생활을 한 것 때문인지 영 내키지가 않았습니다.

이렇게 고통스럽게 지내다가 결혼을 하고 나서도, 배려 받지 못하고 존중 받지 못하는 고통은 계속되었습니다. 40대가 되면서 어느 날 갑자기 살이 빠지기 시작했습니다. 주변에서는 제가 암이라고 수군거렸습니다. 그래서 암이 아닌가 하고 검진을 받아 보았지만 정상이었습니다. 몸이 아프면 혈압이 뚝 떨어지면서 몸이 땅속으로 빨려 들어가는 것 같았습니다. 그리고 시간이 더 흘러서는 좀 아프다 싶으면 팔이 아프면서 책 한 권을 들 수가 없었습니다. 시장에서 물건을 살 수도 없었고, 필요한 것들을 들고 다닐 수도 없었습니다. 스트레스라도 좀 받았다 싶으면 밥을 먹기 위해 드는 수저의 무게조차 버거웠습니다. 물이 빠져 나가듯이 온몸에서 힘이 쭉 빠져 나가 앉아 있을 수도 없었고, 말을 해도 소리가 나오지 않았습니다. 그런데 병원엘 가도 아무 문제가 없다고 하고, 한약을 먹어도 소용이 없었습니다. 모든 것이 정상이라고 했습니다. 저는 이렇게 아픈데, 정상이라고 합니다. 전문가들이 정상이라고 말을 하니 아파도 하소연할 곳이 없었습니다. 그래서 정신과 약도 먹어 보았지만 역시 아무 소용이 없었습니다.

너무 길었나요? 이것이 바로 마음의 아픔으로 인한 육체의 아픔입니다. 그리고 수행이 간절했던 이유이기도 합니다. 수행을 시작한 2006년도에도 이런 아픔들은 계속되고 있었습니다.

마음이 아프면 육체도 아프다

이렇게 마음이 아프면 몸도 아픈 이유가 있습니다. 앞서 이야기했듯이, 건강은 한의학에서 말하는 기와 혈의 순환 작용이 중요합니다. 몸 속의 혈액이 혈관을 따라 흐르듯이 기는 경락을 따라 흐릅니다. 그런데 마음에 고통스러운 상황이 지속되면 이로 인해 기의 흐름이 원활할 수 없습니다. 그러면 혈액순환 작용에도 장애가 되어 몸이 불편하거나 아픈 증상들이 나타나게 됩니다.

오래 전에 몸이 불편해서 한의원에서 엄지발가락에 있는 은백과 대도라는 혈자리 쪽에 침을 맞은 적이 있습니다. 그런데 순간 '위가 열렸다 닫혔다' 하는 것이 느껴졌습니다. 첫 경험이라 그런지 좀 놀라웠습니다. 그리고 위가 불편해서 다리 쪽의 족삼리에 쑥뜸을 하면 물 속에 잠겨 있던 위가 건조해지는 것이 느껴지고, 배꼽 양쪽 천추, 황유와 배꼽 밑에 있는 은교에 자석을 붙이면, 다리 쪽으로 에너지가 전달되면서 발바닥에 구름이 피어오르듯 따뜻한 온기가 느껴졌습니다. 때때로 음식을 잘못 먹어 소화가 안 되거나 위가 아플 때는 중완에 좌석을 붙이면 편안해짐을 느낍니다.

분노, 스트레스, 두려움, 소외감 등과 같이 마음이 고통스러운 상태가 지속 되면, 일차적으로 어깨의 견정혈이 막히고, 이것이 계속되면 다음은 뒤통수 중앙 밑, 독맥의 풍부혈과 이 혈자리 양쪽 옆에 경사지면서 두개골이 시작하는 살짝 들어간 담 경락의 풍지혈이 막힙니다. 그리고 계속해서 이런 고통스러운 상황이 지속되면, 결국 인맥의 전중혈도 함께 막혀 갑니다. 전중은 양 가슴의 젖꼭지와 젖꼭지 사이 중간에 있습니다. 이곳이 바로 마음이 고통스러우면 가슴이 답답하고 아픈, 마음자리입니다. 이것은 누구나 진단이 가능한데, 가슴의 전중을 손가락으로 눌러 보아 통증을 느낀다면 전중이 막힌 것입니다. 많이 아프면 아플수록 많이 막힌 것입니다. 이는 마음의 고통으로 인하여 경락이 막히면서 기와 혈의 순환 작용이 정상적으로 이루어지지 못해 나타나는 증상입니다. 그러면 1차로 두통이나 소화불량, 그리고 가슴이 답답한 증세가 나타날 수 있습니다. 약을 먹어도 침을 맞아도 그때뿐입니다. 이제 이것을 시작점으로 하여, 체질적으로 취약한 부분으로 통증이 발현되어 갑니다. 그리고 불안, 우울증과 같은 정신과 질환이 오기도 합니다. 저의 경우에는 밤 9시면 잠자리에 들어야만 할 정도로 삶이 고단했습니다.

마음자리인 가슴에 아픔이 쌓이는 깊이는 2단계로 볼 수 있습니다. 표면 가까이에 쌓여 있는 아픔은 최근에, 그리고 그리 강하지 않은 아픔들입니다. 이것들은 쉽게 사라질 수 있습니다. 그러나 가슴 깊이 심층부에 있는 마음의 아픔은 쉽게 사라지지 않습니다. 한恨이라고도 하는 이 심층부의 아픔은, 본인으로서는 견디기 힘든 고통들이 아팠던 깊이만큼 쌓이면서 생성된 것이기에 쉽게 사라지지 않습니다. 이 아픔을 치유하지 못한다면, 혹은 수행을 하지 않는다면, 어쩌면 죽어가는 마지막 순간까지도 잊지 못하는 고통이 될 수 있습니다.

마음의 아픔으로 인한 육체의 통증은 진단하기가 어렵다는 것이 특징입니다. 또한 통증의 위치가 사람마다 각기 다릅니다. 개인적인 경험으로 보면, 마음이 아파서 된 육체의 병은 치유가 어렵습니다.

수행에서 치유의 방식

누구나 그렇지만 고통으로부터 벗어나 평화롭고 행복하기를 추구합니다. 위빠사나 수행이 바로 마음의 아픔으로부터 벗어나는 치유 과정입니다. 치유는 몸과 마음을 알아차리는 과정에서 자연스럽게 저절로 이루어집니다. 분명 '저절로'입니다. 마음이 원한다고 해서 되는 것이 아닙니다. 그래서 마음이 원하는 대로 하는 것이 아니라 있는 그대로의 마음을 지켜보며 알아차리는 수행이 유리합니다. 수행에서 치유 작용을 하는 것은 '기' 에너지와 쿤달리니 에너지입니다.

① '기' 에너지

사전에서 '기' 에너지를 찾아보면, '생명체가 활동하는 데 필요한 육체적·정신적 힘' 혹은 '모든 생명의 근원으로 생각되는, 천지에 가득 차 있는 힘'이라고 되어 있습니다. 인체는 기 에너지의 작용이 중요합니다. 인체의 기혈 순환에서 혈은 물에, 기는 바람에 비유할 수 있습니다. 바람의 기가 물의 혈을 자연스럽게 잘 흐르도록 돕습니다. 그러면 몸은 가볍고 상쾌하게 느껴집니다.

좌선이 지속되면 몸에서는 기 에너지의 작용으로 인해 수축, 팽창감, 당김, 떨림, 진동, 스멀스멀함, 시원함, 움직임, 퍼지는 느낌, 흐르는 느낌, 부드러움 등 여러 가지 다양한 증상들을 느낄 수 있습니다. 이런 순환작용으로 인하여 신체에 막혀 있던 각각의 혈자리가 풀어지고 몸이 가벼워지는 것으로부터 치유가 시작됩니다.

모든 생명의 근원으로 생각되는 이 '기' 에너지를 육안으로 쉽게 확인해 볼 수 있습니다. 방법은, 먼저 하늘을 편안한 마음으로 바라봅니다. 아무것도 보이지 않을 것입니다. 왜냐하면 우리들은 하늘을 바라보면 습관적으로 뭔가 보이는 것에 집중을 하려고 합니다. 구름이 보이면 구름에 집중을 하고, 비행기가 보이면 비행기에 집중하며 바라봅니다. 그러나 이런 방식으로는 기를 볼 수 없습니다. 기를 보려면 구름과 자신 사이에 있는 허공을 바라보아야만 합니다. 가까이에 있는 허공을 편안한 마음으로 바라봅니다. 아무것도 없는 허공을 계속해서 응시합니다. 처음에는 아무것도 보이지 않습니다. 계속해서 바라보면 정확한 모습은 보이지 않지만 조금은 빠른 뭔가의 움직임이 보일 것입니다. 계속 바라보면 날파리같이 빙빙 돌면서 이리저리 움직이는 것이 보입니다. 계속해서 바라보면 정자와 비슷한 모양으로 된, 백색의 타원형으로 꼬리가 달린 것이 이리저리 빙글빙글 돌면서 움직이는 것이 보입니다. 이것이 바로 우리 몸을 치유하는 '기' 에너지입니다. 이러한 방법으로 본다면 불빛이 있는 실내에서도 기 에너지를 볼 수 있습니다. 그래서 건강을 위해서 환기는 자주 하는 것이 좋습니다. 아니면 창문을 늘 열어 놓는 것도 좋습니다.

② 쿤달리니

저는 쿤달리니를 깨달음의 에너지, 치유의 에너지, 평화의 에너지라고 이해하고 있습니다. 쿤달리니라는 말은 뱀의 '똬리'를 의미하는데, 척추의 꼬리뼈에 잠재되어 있는 창조적인 에너지입니다. 이 에너지는 역경 속에서도 인내하며, 긍정적인 자세를 잃지 않고, 자비의 마음 상태가 되었을 때, 비로소 출현이 시작되는 것으로 생각됩니다. 이렇게 척추에서 깨어난 쿤달리니 에너지는 수행이 지속되면, 척추를 따라 올라가 머리의 뒤통수를 거쳐 정수리와 이마에 머물다가, 유신견이 사라지면서 목을 지나 몸 전체로 전달되며 기적은 시작됩니다. 그러면 일반인들에게는 사용되지 않는 두뇌의 여러 부분이 깨어나 활동을 하게 되면서 황홀경을 경험하게 되고, 미래를 내다보거나 치유작용을 일으키는 등 초자연적인 능력과 삼매를 경험하게 됩니다. 예로부터 이런 경지에 이른 사람들은 성자, 성인, 아라한 등으로 불려 왔습니다.

쿤달리니는 마음에서 유신견이 사라지면서 발현이 시작됩니다. 깨달음을 성취한 성인들은 인간의 고통인 10가지 족쇄가 사라진 크기만큼 쿤달리니 에너지가 작용함으로써 치유와 평화로움을 경험하게 됩니다. 그리고 수행의 정도에 따라서 다르게 경험되지만 평화로움은 곁에 있는 사람들도 함께 느낄 수 있습니다. 아라한의 경우에는 늘 충만한 이 에너지 상태에 머무는 것으로 생각됩니다.

쿤달리니에 대한 개인적인 경험은, 처음에 이 에너지는 뒤통수에서 작은 에너지 덩어리로 잠재되어 있는 것으로 느껴졌습니다. 이것은 점점 크고 강해지면서 서서히 머리 위, 그리고 백회로 인당으로 옮겨 갔습니다. 이 에너지의 발현은 수행에서 유신견이 사라졌을 때입니다. 그리고 몸 전체에 늘 잠재되어 있음이 느껴집니다. 이후에는 수행의 깊이가 깊어질수록 이 에너지는 몸에서 점점 더 강하게 느껴지면서 늘 발현되고 있습니다. 쿤달리니 에너지는 덥지도 춥지도 않은, 그리고 차갑지도 후덥지근하지도 않은 시원하면서도 상쾌한, 그래서 싱그러움으로 경험됩니다.

인간의 고통인 10가지 족쇄

1) 유신견有身見: 자아가 있다는 견해

2) 회의적인 의심: 불교의 삼보인 붓다, 교법, 승단이나 연기법 등을 의심하는 것

3) 계금취견戒禁取見: 계율이나 금지 조항으로부터 자유로워짐

4) 감각적인 욕망

5) 악의, 분노

6) 색계에 대한 욕망: 감각적 쾌락에 대한 집착을 벗어났을 때 나타나는 순수 물질의 세계와 그 느낌에 대한 집착

7) 무색계에 대한 욕망: 색에 대한 집착에서 벗어났을 때 나타나는 순수 정신세계나 그런 산냐(相)에 대한 집착

8) 아만: 내가 남보다 낫다거나 못하다거나 또는 동등하다고 하는 마음

9) 도거掉擧: 들뜨고 불안한 마음

10) 어리석음: 무명

③ '기' 에너지와 쿤달리니 에너지의 차이

'기' 에너지의 위력이 가랑비라면 쿤달리니 에너지는 태풍라고 표현할 수 있습니다. '기' 에너지가 평소에, 그리고 수행 중에 몸과 마음의 치유작용을 한다면, 쿤달리니 에너지는 성인인 수다원과를 성취하면서부터 작용을 시작함으로써 몸과 마음을 치유합니다. '기' 에너지가 몸의 치유와 마음의 아픔으로 인하여 막혀 있는 전중을 치유하되, 온전한 치유는 쿤달리니 에너지가 하게 됩니다. 기 에너지는 치유의 시작이고, 쿤달리니 에너지는 치유의 완성입니다.

수행에서 치유는 3가지 방식으로 이루어집니다. 첫 번째는 수행을 하면서 기 에너지에 의해 잔잔하게 이루어지는 일상적인 치유입니다. 두 번째는 깨달음의 상태에서 쿤달리니에 의해 이루어지는 기적적인 치유입니다. 이때는 하얀 실 같은 백색의 줄기가 몸 밖으로 날아가는 방식이거나 강한 에너지에 휩싸여 움직이며 몸이 치유되는 과정이 보입니다. 세 번째는 어느 정도 수행이 진보되면 경험할 수 있는 특별한 기적적인 치유입니다. 이

치유는 견딜 수 없는 지금의 고통스러움을 견딜 수 있게 해주는 하늘의 배려(원인과 결과)에 의해 이루어지는 응급처방 식의 치유입니다. 첫 번째, 두 번째의 치유는 수행이 진보되면 누구나 경험할 수 있습니다. 수행에서 이런 모든 치유의 특징은 자연스러움인 저절로입니다. 그만큼 뭔가를 원하는 마음을 놓아버리는 수행이 중요하다는 뜻입니다.

개인적인 경험으로 보면, 고통은 '나'가 있기 때문입니다. 이것은 분노나 스트레스로도 표현됩니다. 다시 말해 '나'가 있는 만큼 아픔이 있습니다. 처음 이것은 가슴에서 커다란 돌덩어리처럼 느껴졌습니다. 그리고 수행을 통해 치유가 되자, 이것은 구름 한 점으로 느껴졌습니다. 수행을 하면서 매일 가슴을 만져도 사라지지 않았습니다. 이것은 '나'라는 존재감으로 인한 아픔이었기에 있을 수밖에 없는 것이었습니다. 그런데 수행이 계속되어 쿤달리니 에너지를 경험하면서 이것은 한 점의 안개처럼 느껴지다가, 수행이 계속되자 이마저 사라지면서 가슴은 시원하게 비워졌습니다.

성인의 단계

수행의 궁극적인 목적은 고통으로부터 자유로워지는 수다원須陀洹이나 사다함斯陀含, 아나함阿那含, 아라한阿羅漢 같은 성인입니다. 이 단계들은 욕망으로부터 집착을 끊은 정도와 지혜의 성숙도에 따라 분류가 됩니다. 성인의 첫 단계인 수다원(예류과預流果)은 일곱 생 이내에 윤회가 끝이 난다고 합니다. 그래서 수다원은 흐름에 든 '분'이라고도 합니다. 그리고 인간이 겪는 10가지 고통의 족쇄 중에 1, 2, 3번이 사라진 수행자입니다.

사람이 살아가면서 겪는 고통은 '나'라고 하는 유신견 때문입니다. 다시 말해 고통의 주체는 '나'입니다. 보이는 것에 '나'의 것이라는 애착이 형성되어 마법에 걸리면 가치가 더해 보이고, 이것은 다시 집착으로 전이되어 고통스러워하면서도 놓지 못하는 악순환의 고리가 됩니다. 수다원은 바로 이 '나'라고 하는 유신견이 사라진 상태입니다. 그리고 수다원은 잘못을 해도 일반 범부보다 업은 덜 받거나 안 받을 수도 있다고 합니다. 그것은 마음의 내용물에 의해 부정성이 일어나고 사라지기는 하지만, 업을 받을 '나'라고 하는 유신견이 사라진 상태이기에, 또한 마음의 주체자가 아니기에 가능한 것으로 생각됩니다.

사다함은 이 세상에 한 번 더 태어나는 분으로 일래과一來果라고도 합니다. 10가지 족쇄 중 1, 2, 3번의 족쇄가 사라지고 4, 5번의 족쇄는 엷어진 수행자입니다.

아나함은 죽은 뒤에 천상에 태어나서 아라한이 됩니다. 아나함은 이 세상에 다시 오지 않기 때문에 불래과不來果라고도 합니다. 10가지 족쇄 중 1, 2, 3, 4, 5번 족쇄가 완전히 사라진 수행자입니다. 수다원이나 사다함, 아나함은 10가지 족쇄가 사라진 만큼 평화롭고 행복합니다.

아라한은 인간이 겪는 10가지 고통의 모든 족쇄가 다 소멸된 상태로, 욕망이 사라지고 집착이 끊긴 상태, 그래서 고통으로부터 자유로워진 상태입니다. 생사를 초월하여 배울 만한 법도가 없게 된 경지로, 윤회의 고통이 끊어져 다시는 태어나지 않으며, 공양 받을 자격이 있는 분입니다.

13장

위빠사나와의 인연(위빠사나 – 이렇게 수행했다)

서울의 월계동에서 살다가 2003년에 석관동으로 이사를 했습니다. 도로를 사이에 두고 이쪽은 월계동, 도로 건너 저쪽은 석관동입니다. 도로 근처 지하에 서점이 있었는데, 책이 꽤 많았던 것으로 기억됩니다. 책을 좋아해서 2001년 월계동에 살 때부터 그 서점에 자주 다녔습니다. 마음에 관해 관심을 가지면서 나름 마음공부를 해야겠다고 생각하고 이런저런 책을 보다가, 우연히 겉표지가 노란색에 제목이 '붓다의 위빠사나'라는 책이 눈에 띄었습니다. 대충 읽어보니 위빠사나 수행을 하면 지혜로워진다는 내용이었습니다. 이 말에 마음의 문이 확 열렸습니다. 어쩌면 많은 사람들이 인정하는 붓다의 위빠사나이기 때문에 좀 더 쉽게 마음이 열렸는지도 모르겠습니다.

어쨌든 책을 사서 집으로 돌아왔습니다. 그리고 책을 읽어보니, 책의 내용대로 된다면 '너무 좋겠다.'라는 생각이 들었고, 위빠사나 수행이 하고 싶어졌습니다. 그래서 일상에서 나름대로

134

마음을 알아차리려고는 했지만, 한계가 느껴져서 포기하고 말았습니다. 회사를 다니며 알아차림을 하기에는 어려움이 많았습니다. 그러나 놓치고 싶지 않았습니다. 그래서 책 표지가 노란색이라 때가 탈까 봐 다른 종이로 포장해서 책꽂이에 꽂아 두었습니다. 이렇게 위빠사나는 서서히 잊혀 가고 있었습니다.

그리고 몇 년 후, 그러니까 기억으로 생각해 보면 2005년경이었습니다. 서점에 들렀다가 놀라운 책을 발견했습니다. 가슴이 떨렸습니다. 이 생각을 하니 지금도 가슴이 떨립니다. 위빠사나 명상을 할 수 있는 방법들이 상세히 기록되어 있는 책이 있었습니다. 그동안 해보려고 했지만 엄두가 나질 않아 못하고 있었는데, 다시 시작할 용기가 났습니다. 이때도 회사를 다니고 있었기 때문에 시간이 많지 않았습니다. 그러나 꼭 해보고 싶었습니다.

지하철역 행선에서 무거움이 보이다

그래서 회사에 출퇴근할 때마다 '왼발, 오른발' 하고 명칭을 붙이며 발걸음을 알아차리면서 걸어 다녔습니다. 시장에 갈 때는 물론이고 다른 볼일이 있어서 걸어 다닐 때마다 가능한 한 항상 발걸음에 명칭을 붙이며 알아차렸습니다. 출근이나 일을 보러 다니면서 하는 행선이었기 때문에 천천히 걷거나 느리게 걷는 것은 어려웠습니다. 그래서 되는 대로 자연스럽게 걸으면서 알아차렸습니다. 어떤 때는 반대로 명칭을 붙일 때도 있었고,

발이 꼬일 때도 있었습니다. 그리고 이런저런 생각으로 발걸음에 집중을 하지 못할 때도 많았습니다. 그러면 다시 '왼발, 오른발' 하고 명칭을 붙이며 발의 움직임에 집중하여 정확히 알아차리려고 노력했습니다.

그러던 어느 날 출근하기 위해 승강장에서 지하철을 기다리면서 자연스럽고 편안하게 행선을 하고 있었습니다. 그런데 발걸음이 움직이는 속도가 서서히 느려지더니 발에서 무거움이 순간 일어나고 사라지는 것이 느껴졌습니다. 명상센터에서 집중 수행을 하는 것도 아닌데, 발에서 무거움이 일어나고 사라지는 것이 보였습니다. 지금도 선명하게 기억이 납니다. 놀랐습니다. 흥분이 되었습니다. '그냥 보이는 것이 다가 아니구나. 위빠사나 명상을 하면 더 많은 것들을, 그러니까 생각지 못했던 것들을 볼 수 있겠구나.' 정말 고통으로부터 벗어날 수 있겠다는 생각으로 위빠사나 수행이 꼭 하고 싶어졌습니다. 그리고 행선을 계속하다 보니, 발에서 어떤 힘이 느껴졌습니다.

☸ 〈위빠사나 - 이렇게 수행했다〉

처음 하는 행선은 일상에서, 도로에서, 회사에 출퇴근하면서 하는 것이었기 때문에 자연스럽게 걸으면서 '왼발, 오른발' 하고 명칭을 붙이며 발걸음을 알아차렸습니다. 그냥 어떻게 하겠다는 의지 없이 자연스럽게 걸으면서 있는 그대로를 알아차렸습니다.

이것이 ─ 있는 그대로를 정확히 알아차림 ─ 중요했습니다. 책을 보고 혼자서 하는 행선이었지만, 그럼에도 수행의 진보를 경험할 수 있었습니다.

이렇게 일상에서 늘 행선을 하자 집중 수행에서는 발걸음이 자연스럽게 저절로 알아차려지면서 법당에 가고, 공양간에 가고, 방으로 돌아오고, 화장실에 가는 등의 모든 발걸음의 알아차림이 자연스럽게 되었습니다. 그리고 이 알아차림의 힘은 행선은 물론 좌선에 집중력을 더해 주고, 생활 명상까지 좀 더 많이 알아차리게 함으로써 알아차림이 40~50%는 확보가 되었습니다. 이렇듯 일상에서 하는 행선은 마음에게 고통을 만들 수 있는 기회를 덜 주는 것뿐만 아니라 집중 수행에서는 알아차림을 좀 더 많이 하도록 이끌어 주는 역할을 했습니다. 사실 일상에서 하는 행선은 그리 어려운 일이 아닙니다. 하고자 하는 의지로 습관만 들인다면 쉽게 할 수 있습니다.

운동선수가 기본적으로 체력을 기르듯이 수행자도 마찬가지로 기본적으로 갖추어야 할 것들이 있습니다. 이 기본이 갖추어져 있지 않다면 깊이 있는 수행의 진보는 어렵습니다.

수행의 진보는 '저절로'입니다. 성인의 도와 과의 성취도 저절로입니다. 때문에 이를 위해 기본으로 갖추어야할 첫 번째 깨달음의 열쇠는 저절로 알아차려지는 정도의 행선입니다.

행선은 수행의 시작입니다. 그래서 수행을 시작하기로 결심을 하였다면 그날부터 행선은 시작하는 것이 좋습니다. 그래서 집중 수행처에서는 조금만 노력해도 저절로 알아차려질 정도로 일상에서 '왼발, 오른발' 명칭을 붙이며 늘 알아차리는 것이 좋습니다.

깨달음의 열쇠 첫 번째: 저절로 알아차려지는 정도의 행선

지수화풍의 4대 요소

이렇게 일상에서 행선을 하다가 발에서 무거움을 보았습니다. 이외에도 몸을 계속해서 지켜보며 알아차리면 따뜻함, 뻣뻣함, 편안함, 단단함, 당김, 부드러움, 팽창감, 가벼움, 차가움, 시원함, 움직임, 진동, 스멀스멀함, 퍼지는 느낌 등의 다양한 감각이나 느낌들을 경험할 수 있습니다. 이것들이 육체를 구성하는 지수화풍地水火風이라고 하는 흙, 물, 불, 바람의 4대요소입니다. 단단함·부드러움 등은 흙의 성질로서 지地이고, 무거움·가벼움·흐르는 느낌 등은 물의 성질로서 수水입니다. 따뜻함·차가움 등은 불의 성질로서 화火이고, 움직임·수축·팽창감 등은 바람의 성질로서 풍風입니다.

분노를 만나다

저도 수행자가 되어 수행처에 가서 집중적으로 수행을 하고 싶었습니다. 그러나 가족이 있고, 직장을 다녀야 해서 쉽게 결정할 수 없었습니다. 어쨌든 마음을 알아차리는 것이 어려워서, 하다 말다 하던 것을 다시 실천하기로 하였습니다. 마음을 알아차린다는 것이 무척이나 어려웠습니다. 분노를 알아차리고는 싶었지만, 늘 분노에게 함몰당하고 말았습니다.

이때는 물건을 찾다가 못 찾으면 몹시도 화가 나서 못 견디고 화를 냈습니다. 손해를 보거나 원하는 대로 되지 않으면 분노가 치밀어 올라 속이 부글부글 끓어 가만히 있지를 못하고, 소리를 지르며 화를 내곤 했습니다. 그러고 난 후에 후회가 밀려왔습니다. 그러나 때는 이미 늦은 거죠. 이미 다른 사람에게 상처를 주었을 뿐만 아니라 제 자신도 몹시 아팠습니다. 후회하고 후회하면서도 이 화내는 버릇을 고치질 못했습니다. 책을 읽어서 고칠 수만 있다면 100번이고 1,000번이고 읽을 수 있지만, 읽는다고 해서 고쳐질 일이 아니었습니다.

직접 가르침을 받을 수 없었기에 책에서 하라고 하는 방법대로 실천하기로 하였습니다. 그러나 분노가 일어날 때마다 그 '분노'를 알아차려야 하는데, 계속해서 빈번히 실패하고 '화'를 내고 있었습니다. 그래서 '분노'를 알아차리는 것을 좀 더 잘할 수 있는 방법을 모색하다 생각해 낸 것이 계속 바라보는 책상에 메모지를 붙이는 것이었습니다. 언제나 그렇지만 좋은 글귀를 보면 책상이나 벽에 붙이는 습관이 있습니다. '분노'하지 않을 수 있는 글귀를 자주 보는 책상에 붙여 놓았습니다. 그리고 계속해서 마음에서 일어나는 '분노'를 바라보았습니다. 혼자 있을 때는 물론이고 가능한 한 모든 일상에서 '분노'에 집중하려고 노력했습니다. 그러나 쉽지 않았습니다. 언제나 그랬지만 제어하지 못한 분노가 몸을 망가뜨리고 있었습니다. 몸은 화가 나면 수저를 들 힘도, 목소리를 낼 힘도 없었습니다. 분노가 강한 만큼 몸은 아프고 힘이 들었습니다. 때문에 화를 내지 않는 것이 절실했습니다. 노력을 했지만, 계속 화를 낸 다음에야 분노했음을 알아차렸습니다. 그러나 포기하지 않고 계속해서 분노에 집중했습니다.

이때 제게 있어 분노란, 상대의 잘못으로 인해 제가 불편하고 억울하다는 것을 표현하는 방법이었습니다. 다시 말해 저의 정당성을 은연중에 고집하고 있었던 것입니다. 그러나 문제는 잘못을 한 상대가 아니라 억울한 제가, 잘못이 없는 제가 아프다는 것이었습니다. 이 고통이 생각을 바꾸게 하였습니다. 아니 너무 고통스러워 생각을 바꿀 수밖에 없었습니다. 분노로 인한 고통을 견딜 수 없어서 다른 사람들을 이해하려고 노력했습니다. 마음을 지켜보며, 나도 그럴 수 있음으로 이해하려고 노력했습니다. 그런데 사실 저 역시도 누군가를 괴롭히고 있었습니다. 제 입장에서야 공정한 것이라고 생각하지만 상대의 입장에서는 생각이 다르고, 그래서 억울한 것일 수도 있겠다는 생각을 하게 되었습니다. 분명한 것은, 우리 중 그 누구도 완벽한 판단력을 지니고 있지 않다는 점입니다.

회사에서 팀장으로 있을 때의 일입니다.

다른 팀에서 진행하고 있는 일이 우리 팀에는 좀 불리한 일이었는데, 그 일에 협조해 달라고 요청을 해 왔습니다. 어이가 없었습니다. 규명하러 그 팀으로 가는 도중, 화火가 일어나는 순간, 그 화가 일어남이 알아차려졌습니다. 신기했습니다. 마음이 머리에 집중이 되면서 열을 동반한 싸한 느낌이 일어났습니다. 순간 '분노'는 사라졌습니다. 생애 최초로 '분노'를 화내지 않고 만난 것입니다. 분노가 일어나는 순간을 지켜보는 자로서 바라보자 '분노'는 사라졌습니다. 이것은 큰 감동이었습니다. 기적이었습니다. 개인적으로 희망이 보였습니다. 붓다께서 말씀하신 대로 고통으로부터 벗어날 수 있다는 것에 확신이 들었습니다.

〈위빠사나 – 이렇게 수행했다〉

사실 분노를 알아차리는 것은 쉽지 않습니다. 왜냐하면 습관화된 것으로부터 벗어나기는 그만큼 어렵기 때문입니다. 더구나 분노는 아픔이라는 감정까지 그 힘을 실어주기에 더 어려울 수밖에 없습니다. 그래서 마음에 관련된 책들과 심리학 쪽의 책들을 읽었습니다. 그리고 뇌에 관한 책들도 읽었습니다. 그래서 뇌가 건강하지 않으면, 본인은 원하지 않지만 공격성·우울증·조울증·두려움·근심·걱정·불안·집착·분노·충동성·폭력성·병적인 도박 등 많은 고통을 경험하게 됨은 물론이고, 그로 인해 다른 사람들을 괴롭히게 된다는 사실을 알게 되었습니다. 이것은 그들 역시도 원하는 것이 아니었으므로 그들을 이해하면서 분노하지 않기 위해서 노력했습니다. 그리고 '나도 잘못한다.'를 계속해서 되새기며, 그 누구도 완벽하지 않음을 기억하면서 다른 사람들의 잘못을 이해하기 위해 노력했습니다. 이렇게 포기하지 않고 노력을 하자 분노의 본래 모습이 보이기 시작했습니다.

흔히 작심삼일이란 말이 있습니다. 뭔가를 하기로 결심은 하지만 사흘을 넘기지 못한다는 뜻입니다. 그래서 개인적으로 이를 극복하는 한 방법으로 메모지를 활용하였습니다. 메모지에 분노 혹은 걱정·짜증 등과 같이 자신이 가장 고통스러워하는 감정을 기록하여 자주 바라보는 공간에 붙이면서 알아차리면, 작심삼일을 좀 더 쉽게 극복할 수 있습니다. 뿐만 아니라 메모지를 볼 때마다 고통의 감정들을 더 많이 알아차림으로써 더 많은 결과 치들을 얻을 수 있습니다.

깨달음의 열쇠 두 번째: 메모지 활용하기

결국 수행자가 되기로 결심하였습니다. 잘 다니던 회사를 그만두는 것은 어려운 결정이었습니다. 주부가 집을 몇 달씩 비우는 것 역시도 매우 어렵고 힘든 일이었지만, 수행을 하기로 결심을 하였습니다. 미얀마로 가기 위해 2006년 10월 30일, 10년 동안 다니던 회사를 퇴직했습니다. 수행이 너무 하고 싶었기 때문입니다.

'삶에서 고통은 불행이지만, 노력하는 사람들에게 고통은 기회입니다. 왜냐하면 고통으로부터 벗어나기 위해서 노력을 좀 더 하게 됨으로써 더 많은 결과물들을 얻기 때문입니다.'

예비 수행

처음 가는 미얀마의 A명상센터에서는 12월과 1월이 국제 명상기간입니다. 이곳에 참석하기 위해서는 11월 말쯤에 미얀마로 가야 합니다. 수행을 처음 하는 사람은 떠나기 전에 예비 수행을 해야 합니다. 그래서 11월 초 경기도에 있는 한 절에서 일주일간의 예비 수행을 하였습니다. 수행을 하기 위해서는 먼저 꼭 지켜야만 하는 여덟 가지 계율(8계)이 있습니다.

8계

① 살아 있는 생명체를 죽이지 않는다.

② 주지 않는 물건은 갖지 않는다.

③성행위를 하지 않는다.

④거짓말을 하지 않는다.

⑤정신을 혼미하게 하는 약물이나 술을 마시지 않는다.

⑥정오 이후에는 음식을 먹지 않는다.

⑦춤, 노래, 음악 등 오락을 즐기거나 향수, 화장품, 장신구로 몸을 치장하지 않는다.

⑧높거나 넓은 사치스러운 침상을 사용하지 않는다.

계율은 수행자를 지켜줍니다. 보호막이라고 해야 할까요. 자신을 괴롭히는 행동이나 다른 사람들을 괴롭히는 나쁜 행동들을 하지 않으니 평온할 수밖에요. 그래서 가능한 8계를 지키려고 노력했습니다. 그리고 이렇게 재가 수행자들은 8계를 지키지만 출가한 비구들은 227계를 지켜야 한다고 합니다.

예비 수행을 하면서 방은 두 명이 같이 쓰는 것으로 배정 받았습니다. 함께 방을 쓰는 분은 목소리가 곱고 말씨는 상냥하면서 얼굴이 예쁜 부산 분으로, 남편과 함께 온 분이었습니다. 이렇게 직접 가르침을 받으며 수행하는 것이 처음이라서 그런지 마음이 설레었습니다. 이튿날인가 새로운 수행자가 왔습니다. 좀 젊고, 예쁘장한 여자 분이었습니다.

'후배님 오셨네.'

그리고는 아마도 후배 대하듯 "뒤에 자리 있어요. 앉아요."라고 한 것 같습니다. 그런데 아뿔싸! 수행을 하는 것을 보니까 후배가 아니라 대선배님이었습니다. 선배님이 행선하는 것을 보니까 느리게 움직이면서 수행을 했습니다. 그래서 저도 더 느리게 하려고 노력하였습니다. 자연스럽고 편안하게 걸으면서 발걸음 하나하나에 집중하여 지켜보며 알아차렸습니다. 그랬더니 행선의 속도가 점점 더 느려지고 집중력이 좋아졌습니다. 지하철역에서 처음 무거움이 일어나고 사라지는 것만 보던 제가, 이제는 가벼움·따뜻함이 일어나고 사라지는 것이 보였습니다. 좌선에서는 편안하고 높은 곳에 앉아 있는 느낌이었습니다. 하루하루가 재미있었습니다. 이때는 힘든 줄도 몰랐습니다. 너무나 하고 싶었던 수행을 해서도 그렇지만, 그동안 경험해 보지 못한 새로운 세계를 경험하면서 신기하기만 했습니다.

묵언하지 않으면 깨달음은 없다

수행하는 내내 가능한 묵언을 하였습니다. 우리들을 가르쳐 주는 선생님과 함께 수행을 하다 보니 자유롭게 말을 할 수가 없었습니다. 생전 처음 묵언이라는 걸 한 것입니다. 사흘이 지나고 나흘이 지나고 마음이 힘들어 했습니다. 그야말로 견딜 수 없이 말을 하고 싶었습니다. 그래서 법당에서 수행을 끝내고 방으로 돌아와 화장실로 들어갔습니다. 그리고 거울을 보았습니다.

"나는 말을 할 수 있다. 나는 말을 잘한다."

라고 말을 했습니다. 아니 소리를 쳤다고 하는 것이 맞을 것입니다. 말을 못하는 것이 고통이라는 것을 처음 알았습니다. 결국 말을 하고 싶어 하는 것이 욕망이라는 것을 알게 되었습니다.

⚙ 〈위빠사나 - 이렇게 수행했다〉

사실 말을 하지 않는 것은 매우 어렵습니다. 그래서 알아차리면서 말을 한다고 해도 소용없습니다. 왜냐하면 대화를 하면 상대의 이야기에 집중을 해야 하기 때문에 그 순간 몸과 마음은 알아차릴 수 없습니다. 뿐만 아니라 대화의 내용이 계속해서 망상을 만들어 내고, 심지어 그때 한 말이 며칠 뒤에까지 망상을 만들어 냅니다. 경험적으로는, 이렇게 수행을 계속할 수 없다는 생각이 들 정도로 알아차림에 대한 집중도가 떨어졌습니다.

말을 하고 싶어 하는 것은 욕망입니다. 수행은 이런 욕망으로부터 자유로워져 가는 과정입니다. 그런데 수행처에 가면 당장 도움을 받아야 할 여러 가지 일들이 있을 수 있고, 또한 도움을 필요로 하는 사람을 보고 나 몰라라 하기도 어렵습니다. 그래서 이야기를 나누다 보면, 자꾸 이런저런 이야기를 하게 됩니다. 때문에 저는 규율이 엄격한 수행처를 찾아갑니다.

예비 수행에서도 그렇고, A명상센터에서 집중 수행을 할 때에는 묵언 수행을 하였습니다. 그런데 다른 어떤 수행처에서 말을 하면서 수행하다 보니 집중도가 뚝 떨어져 알아차림에 엄청난 방해가 되었습니다. 알아차림의 시간이 적으니, 수행의 결과도 현저히 적었습니다. 수행의 진보는 묵언을 하느냐 마느냐에 따라서 엄청난 차이가 있음을 절실히 느꼈습니다. 말을 하지 않는 것은 고통이지만, 수행에서는 절대적으로 필요한 것이라는 것을 경험을 통해서 깨달았습니다. 묵언은 깨달음의 열쇠입니다. 말하는 순간에는 법을 볼 수 없습니다. 듣는 순간에도 법을 볼 수 없습니다.

깨달음의 열쇠 세 번째: 묵언

이유 없는 불행

이렇게 일주일 간의 집중 수행을 마치고 함께 서울로 돌아오면서 다들 즐겁게 이런저런 이야기를 주고받았습니다. 그런데 이상한 일이 발생했습니다. 수행 중에는 느껴보지 못한 감정이었습니다. 지금까지 살아오면서도 느껴보지 못한 감정이었습니다. 왜 그런지 불행하다는 느낌이 들었습니다. 화기애애하게 즐겁게들 이야기를 나누는데, 저는 불행했습니다. 저의 목소리가 예쁘다는 칭찬을 들었지만, 불행해서 말을 하고 싶지 않았습니다. 일주일 간의 집중 수행에서 가벼움과 따뜻함을 처음 보았고, 선생님으로부터 수행을 잘한다고 칭찬도 들었습니다. 더구나 그렇게도 하고 싶어 하던 수행이었는데, 왜 불행하다는 느낌이 일어났을까요? 살아오면서 고통스럽고 힘은 들었지만, 이렇게 노골적으로 불행하지는 않았습니다. 불행해서 대화에 끼고 싶지 않았습니다. 다들 즐겁고 행복해 보였습니다. 서울에 있는 명상센터까지 와서 서로 인사를 나누고 헤어졌습니다. 집으로 돌아왔지만, 불행하다는 느낌은 계속되었습니다.

미얀마로 가는 날을 손꼽아 기다렸습니다. 여권 만료일이 미얀마에 가 있는 동안이라 혹시 문제가 될까봐 여권도 다시 만들었습니다. 출발일이 2006년 11월 28일이었습니다. 인천 공항에서 여러 명이 함께 모여 가기로 되어 있었습니다. 동생이 휴가를 내서 공항까지 데려다 주었습니다. 그런데 이를 어쩌면 좋습니까? 무거운 것을 들지 못해 짐을 간소화하려고 구 여권을 집에 두고 새 여권을 가져왔는데, 구 여권이 있어야만 발권이 된답니다. 방법이 없답니다. 처음 가는 길이라 꼭 일행과 함께 가고 싶었습니다. 그러나 함께 갈 수 없었습니다. 어쩔 수 없이 다음 날 혼자 출발하기로 하고, 집으로 돌아왔습니다.

14장

첫 번째 명상일기 (위빠사나 - 이렇게 수행했다)

2006년 11월 29일 캄캄한 밤에 양곤에 도착했습니다. 다행히 명상센터에서 공항까지 마중을 나와 주어서 어려움 없이 명상센터까지 올 수 있었습니다. 꿈에도 그리던 수행처에 도착을 한 것입니다. 그런데 아는 사람이 아무도 없습니다. 하루 먼저 도착한 한국인들이 보이지 않았습니다. 조그마한 방으로 안내되어 들어갔습니다. 짐을 풀어야 하는지, 마는지 모르겠습니다. 잠을 자는 둥 마는 둥 설쳤습니다. 모기가 극성을 피우는 데다 갑자기 더워진 날씨에 몸이 힘들어 했습니다. 이튿날 한국인 세알레이와 통화가 되었습니다. 다른 곳으로 가야 한답니다. 그곳은 미얀마에서 처음 수행을 하게 되는, 지방에 있는 숲속 명상센터입니다. 이날 오후 4시가 넘어서야 숲속 명상센터에 도착해서 한국 사람들을 만났고, 그렇게도 하고 싶었던 수행을 시작하게 되었습니다.

위에서 언급한 세알레이는 비구니 스님처럼 하는 일은 비슷한데, 스님하고는 좀 다릅니다. 상좌부 불교上座部佛敎라고도 하는 테라와다 불교에서는 12세기경 비구니 승단의 계맥이 끊어져서 비구니의 역할을 세알레이가 하고 있습니다. 물론 한국에는 없습니다.

숲속 명상센터에서의 수행

이곳 숲속 명상센터에서는 주로 아시아, 북미, 유럽, 오스트레일리아 등지에서 온 외국인들이 모여 수행을 합니다. 수행자들이 묵는 방은 꾸띠라고 하는데, 화장실이 딸린 나무침대가 있는 작은 방입니다. 하루 일정은 오전 3시에 기상을 하고, 3시 30분부터 법당에서 명상을 시작합니다. 5시 30분쯤 식당에서 아침을 먹고, 7시부터 오전 명상을 하고, 10시 30분쯤 지나서 점심을 먹은 후, 오후 1시부터 법당에서 명상을 합니다. 5시에 주스를 마시고 6시에 법문을 듣고 난 후 밤 9시까지 명상을 하는 것이 공식적인 하루 일과입니다. 그리고 수행하는 도중에 필요한 모든 물품은 사무실에 준비되어 있습니다. 그래서 수행하는 도중에는 외출금지입니다.

인터뷰

수행한 내용을 선생님에게 보고하고 가르침을 듣는 인터뷰는 일주일에 세 번 정도 했던 것으로 기억됩니다.

인터뷰실에 들어가면 먼저 선생님에게 큰절로 3배를 올립니다. 그리고 자신이 수행한 내용을 보고하고, 그에 따른 여러 가지 가르침을 배웁니다. 선생님에게 보고할 때는 좌선, 행선, 그리고 생활선 순으로 합니다. 경우에 따라서 행선을 먼저 보고하라고 하는 선생님도 있는데, 선생님이 요구하는 방법대로 하면 됩니다.

보고 내용은 몸과 마음을 지켜보며 알아차린 움직임, 느낌, 변화, 생각, 망상, 더움, 통증 등을 있었던 그대로를 보고합니다. 예를 들어 배의 부름과 꺼짐을 지켜볼 때에는 배가 불러가는 과정과 꺼져가는 과정에서 본 것과 느낀 것, 알게 된 것들을 상세히 보고합니다. 이 과정에서 만약 몸에 통증이 있었다면 아팠던 그대로, 느낀 그대로를 보고하고, 마음이 기억이나 상상을 했다면 마찬가지로 있었던 그대로를 보고합니다. 아나운서가 운동 경기를 중계하듯이 몸과 마음을 지켜보며 알아차린 것을 보고합니다. 이 책에 기록한 수행의 내용은 반복되는 부분을 빼고 가능한 간략하게 기록했지만, 보고 내용이 상세하면 더 많은 가르침을 배울 수 있습니다.

이렇게 인터뷰를 마치면, 가르쳐 주심에 감사하며 다시 큰절로 3배를 올리고 인터뷰실을 나옵니다.

● 고통스러운 날들

2006년 12월 3일.

잠만 오고, 잠자러 여기까지 왔는지 화가 납니다. 좌선하면서 밤까지 계속 졸았습니다. 왜 왔는가?

〈위빠사나 – 이렇게 수행했다〉

집중 수행을 시작하면 늘 부딪치는 어려움 가운데 하나는 졸음입니다. 집에서야 7~8시간씩 잠을 충분히 잘 수 있지만, 수행처에서는 수면 시간이 보통 4~5시간이다 보니 그럴 수 있습니다. 또한 생활 패턴이 바뀌었기 때문이기도 합니다. 그래서 편안하게 앉아 있는 좌선을 하다보면 누구라도 잠에 쉽게 빠질 수 있습니다. 때문에 집중 수행 초에는 잠자기 대회라도 하듯이 (다리를 꼬집어 뜯어도) 계속 졸고 있는 경우가 많았습니다. 몸이 4~5시간의 수면에 적응될 때까지는 어려울 수밖에 없습니다. 그러나 시간이 지나면 자연스럽게 적응이 되어 수면 시간은 줄어듭니다.

저는 집중 수행 중에는 언제나 점심 식사 이후에 20~30분씩은 낮잠을 잤습니다. 경험적으로 보면, 점심 식사 후 낮잠을 자지 않고 오후 좌선을 한다고 해도 졸음에 빠져드는 경우가 대부분이었습니다. 차라리 낮잠을 20~30분쯤 자고서 오후 좌선을 하는 것이 수행에는 더 도움이 되었습니다. 물론 낮잠을 자지 않고 오후 좌선 시간을 알차게 보낼 수 있다면 더 좋겠지요.

레몬주스

미얀마는 한국에 비해 몹시도 덥습니다. 12월, 1월 한국의 기온은 보통 5℃ 이하에서 영하인 경우가 대부분입니다. 그런데 미얀마는 보통 22~35℃ 정도입니다. 한국의 날씨에 적응되어 있던 몸이, 미얀마에 가면 무척이나 덥습니다. 그래서 물을 마셨지만 갈증이 가시지 않았습니다. 법당에서 수행을 하는데, 갈증이 심해서 견디기가 힘들었습니다. 수행처에서 오후 5시는 주스를 마시는 시간입니다. 마침 주스 마시는 시간도 다가오고 해서 법당을 나가려는데 비구께서 시간 전이라며 허락하지 않으셨습니다. 숲속 수행처에서는 법당에 들어가고 나가는 시간을 철저히 지켜야만 합니다. 어쩔 수 없이 버티다 시간이 되어서야 법당을 나설 수 있었습니다. 법당에서 멀지 않은 곳에 레몬주스가 준비되어 있었습니다. 이 주스를 마시자 위가 서서히 서늘해지더니 점차 그 차가움이 온몸으로 퍼져 나가는 것이 느껴졌습니다. 그야말로 세포 하나하나에 차가움이 물들어 간다고 해야 할까요! 레몬이 몸을 차갑게 한다는 것을 이때 처음 알았습니다. 생전 처음 마셔본 레몬주스는 지금까지도 기억날 정도로 대단한 것이었습니다. 수행을 하니까 재미있는 것들을 여러 가지 경험하게 됩니다.

그 당시 비구께서 법당을 못 나가게 했을 때는 무척이나 서운했습니다. 그러나 지금 생각해 보면, 그런 철저함이 큰 도움이 되었다는 생각이 듭니다.

《위빠사나 - 이렇게 수행했다》

법당에서 새벽 3시 반에 시작해서 밤 9시까지 알아차림의 수행을 하는 일은 쉬운 일이 아닙니다. 사실 무엇이든 처음은 어렵습니다. 낯설어서 힘이 들고, 몰라서 힘이 들고, 체력적으로도 힘이 듭니다. 그렇다고 수행을 하다가 피곤하다고 방으로 돌아와 쉰다면 지구력은 길러지지 않습니다.

힘이 들면 버티면서 그 상황을 알아차려야 저력이 길러지고, 지루하면 그 지루함을 견뎌내야 지루함을 이겨낼 수 있는 지혜를 키울 수 있습니다. 힘들 때마다 법당을 나온다면 수행력은 키워지지 않습니다. 그래서 법당 지키기는 깨달음의 열쇠가 됩니다. 1시간 좌선, 1시간 행선을 하면서 식사 시간이나 주스 마시는 시간과 법당 수행을 끝내는 밤 9시 이외에는 법당에서 나오지 않는 것은 수행자라면 갖추어야 할 기본입니다. 그래야만 수행을 계속할 수 있는 저력을 키울 수 있습니다.

수행이 지루하거나 몸이 피곤할 때, 법당에서 알아차림을 계속하기는 쉽지 않습니다. 또한 누구도 통제 당하는 것을 원하지 않습니다. 그러나 더 중요한 것은 고통으로부터의 자유입니다. 그래서 법당 지키기는 필히 하는 것이 좋습니다.

154

깨달음의 열쇠 네 번째: 법당 지키기

● 마음이 답답하고 고통스럽다

2006년 12월 5일.

좌선: 호흡을 알아차렸더니 집중이 잘되었습니다. 배의 일어나고 꺼짐을 계속 알아차리니 가슴이 답답하고 호흡하기가 힘들었습니다. 졸음을 알아차리자 밝은 빛이 보였습니다.

행선: 발끝을 들면서 무거움을 알아차렸고, 무거움을 싫어하는 마음을 알아차렸습니다. 발이 앞으로 나아가면서 따뜻함이 느껴졌고, 발이 바닥에 닿으면서 차가움이 느껴졌습니다. 몸을 돌리려는 의도를 보았습니다.

사야도: 아침에 눈을 뜨는 순간에는 무엇을 보았습니까?
필자: … 더 열심히 하겠습니다.

《위빠사나 - 이렇게 수행했다》

수행자가 알아차림을 빈틈없이 하도록 해준 질문이라 그런지, 이 질문은 지금까지도 기억에 선명히 남아 있습니다. 그러나 그 즉시 답을 하지 못했습니다. 그래서 한동안 아침에 일어나는 순간을 알아차리기 위해서 부단히 노력을 해야만 했습니다. 그리고 더 노력하기 위한 방법으로 밤에는 잠자리에서 좌선을 하고 와선을 하다가 수면을 취했습니다. 결국 아침에 깨어나는 순간부터 잠이 드는 순간까지 알아차림을 하게 되었습니다. 이 방법은 더 많은 시간 동안 알아차림에 집중하게 함으로써 수행의 진보를 이끌어 주었습니다.

이 사야도는 미얀마 숲속 센타 집중 수행에서 처음 만난 선생님입니다. 정확한 호칭은 우 자띨라 사야도입니다. 항상 질문을 통해 수행자가 알아차림을 더 잘할 수 있도록 유도해 주셨습니다. 친절하고, 지혜로우신 선생님입니다. 이런 훌륭한 선생님을 만나서 더 많이 성장할 수 있었습니다. 여기서 사야도란, 미얀마에서 스님이 된 지 20년 이상 된 스님들께 붙이는 칭호입니다. 그리고 사야도 이름 앞의 '우'자는 '존경하는'이라는 뜻입니다.

● 마음의 정화 ① **치유가 시작되다**

2006년 12월 6일.

좌선: 호흡을 알아차리자 가슴이 답답하여 호흡이 힘들었습니다. 조금 괜찮아지면 졸고, 다시 가슴이 답답해지고, 또 괜찮아지면 졸고를 반복했습니다. 꼬집어도 졸음은 사라지지 않았습니다.

오후 좌선: 배의 일어남과 사라짐을 알아차리자, 목을 감싸는 부드러운 기 에너지의 느낌이 보였습니다. 이것이 서서히 넓어지더니 조금 시간이 지나 사라졌습니다. 더워짐을 알아차리자 더운 느낌이 사라졌고, 다리의 아픔을 알아차리자 아픔이 사라졌습니다. 생각이 가라앉고, 다시 다리의 아픔이 일어나 관찰했더니 아픔은 사라졌습니다. 자세를 바꾸었습니다. 편안했습니다. 배의 일어남은 느껴지지 않았습니다. 마음이 방황을 하였습니다. 이마의 쪼이는 듯한 강한 느낌이 있었고, 허리를 감싸는 부드러운 느낌을 보았고, 이마와 허리를 오가며 알아차렸습니다. 몸이 편안했습니다.

✿오전까지만 해도 가슴이 답답하여 호흡하기가 힘들었습니다. 그런데 오후 좌선 시간에 기 에너지에 의해 치유가 되면서 몸도 마음도 편안해져 갔습니다. 고통은 기 에너지가 몸의 아픈 곳을 부드럽게 감싸며 풀어주는 과정을 통해서 치유가 되었습니다. 수행을 하면서 시작된 치유는 고통스러운 지금을 견딜 수 있게 해주는 치유이며, 마음의 정화입니다.

〈위빠사나 – 이렇게 수행했다〉

이때는 미얀마에 가서 처음 수행을 하는 것이라 그런지 저녁 6시만 되어도 몸이 지치고 힘들었습니다. 법당에서 밤 9시까지 좌선을 하며 버티다 방으로 돌아가고 있었습니다. 가는 길에 긴 다리를 건너는데, 그 다리 끝이 언덕처럼 경사져 있었습니다. 그 경사진 다리를 올라가는데 힘이 들었습니다. 너무 힘들어서 '올라가야만 한다'는 것을 포기하고 말았습니다. 그랬더니 순간 발이 슬며시 옆으로 움직이면서 지그재그를 그리며 S자형으로 저절로 걸어지는 것이었습니다. 놀랐습니다. 덜 힘들었습니다. 무아를 경험하는 순간이었습니다. 무아는 올라가야만 한다는 의지를 포기하자, 다시 말해 원하는 것을 놓아버리면 자연스럽게 경험되는 것이었습니다. 원하는 것을 놓아버리는 것은 깨달음의 열쇠였습니다.

이때부터 길을 걸으면서 어떻게 하겠다는 의지를 내려놓고 자연스럽고 편안하게 걸었습니다. 그랬더니 언덕을 걸어 올라갈 때나 내려올 때는 대부분 저절로 S자형으로 걸어졌습니다. 그저 신기하고, 재미있었습니다. 뿐만 아니라 덜 힘들었습니다. 그래서 이후부터는 이 기법을 모든 수행에 적용했습니다. 몸과 마음을 편안하게 이완시키면서 어떻게(얌전히 걷겠다거나 잘하겠다 등등) 하겠다는 의지를 놓아버리고, 어떻게 되는지 지켜보겠다는 마음으로 생겨나는 대로 있는 그대로를 지켜보며 알아차렸습니다.

좋아하는 마음, 싫어하는 마음에 따라 움직이는 순간에는 저절로를 경험할 수 없습니다. 대화를 하거나 두리번거리는 순간에도 저절로는 경험할 수 없습니다. 어떻게 하겠다는 마음 없이 있는 그대로를 지켜보는 것이 좋습니다. 마음을 가능한 한 사용하지 않는 것, 그래서 원하는 것을 놓아버리고 어떻게 되는지 지켜보겠다는 마음으로 있는 그대로를 알아차리면, 깨달음의 열쇠인 자연성은 저절로는 자연스럽게 드러납니다.

깨달음의 열쇠 다섯 번째: 원하는 것 놓아버리기

● 4단계의 행선

2006년 12월 7일.

발을 들려는 의도를 알아차렸습니다. 발을 들면서 가벼움이 보이고, 발끝을 들면서 무거움이 보였습니다. 발이 4단계로 나아갔고, 따뜻함이 느껴졌습니다. 발의 움직임 단계 단계에는 하려는 의도가 있었고, 정지가 있음을 관찰했습니다.

● 소리에서 감정이 벗겨지다

2006년 12월 8일.

좌선: 배의 일어남을 알아차리자 시원한 느낌의 덩어리가 왔다 갔다 하는 것이 보였고, 생각은 일어나자마자 알아차림에 사라졌습니다. 귀에서 소리가 들리고, 분노가 일어나던 소리임에도 마음에서 분노가 일어나지 않았습니다.

❀소리가 귀를 통해 들리면, 마음은 그 소리에 대하여 좋아하고 싫어하는 감정을 입힙니다. 그래서 마음이 좋아하는 소리이면 행복해 하고, 싫어하는 소리이면 고통스러워 합니다. 결국 고통이라는 것은 마음이 좋아하고 싫어하는 감정을 소리에게 입히기 때문이었습니다.

그런데 소리가 감정이 없는 순수한 소리 그 자체로 들렸습니다. 마음이 감정놀이를 하기 전을 알아차리니 고통스러운 감정이 일어나지 않았습니다. 있는 그대로의 몸과 마음을 알아차리기만 했는데, 마음이 정화되면서 고통스러운 감정으로부터 자유로워지기 시작했습니다. 저절로요.

● 저절로 알아차려지다

2006년 12월 8일.

행선: 발끝을 들면서 무겁다는 느낌이 항상하지 않음을 알았고, 발에서 일어나는 따뜻함도 항상하지 않음을 관찰했습니다. 아침에 일어나 움직이자 저절로 마음이 발로 가 알아차려졌습니다.

❂〈위빠사나 – 이렇게 수행했다〉

수행에서 저절로의 알아차림은 매우 중요합니다. 왜냐하면 치유도 저절로이고, 수행의 진보도 저절로이기 때문입니다. 이러한 것들은 수행자가 원한다고 해서 되는 것이 아니라 도리어 원하는 그 마음을 놓아버리고 알아차림에 집중하면 자연스럽게 저절로 됩니다. 이것은 앞서 깨달음의 열쇠로 제시한 '원하는 것을 놓아버린' 노력의 결과물입니다. 그래서 무엇인가를 원하는 마음이 일어나면 그 마음대로 움직이는 것이 아니라, 있는 그대로 그 마음을 정확히 지켜보며 알아차렸습니다.

● 욕망을 먹고 있는 육체

2006년 12월 11일.

생활 명상: 몸은 마음의 의도 없이도 어떤 당기는 힘에 의해 움직여졌습니다. 아침 식사를 하면서 욕망을 먹고 있음이 보입니다. 시원한 물을 먹고 싶다는 욕망, 편안하겠다는 욕망, 먼저 하겠다는 욕망, 모기에게 물리지 않겠다는 욕망, 좋은 것을 갖고 싶다는 욕망 등 하루 종일 욕망만 보입니다.

사야도: 식사하면서 욕망이 보였습니까?

필자: 네. 너무 고통스럽습니다. 언제쯤 무상, 고, 무아를 볼 수 있을까요?

사야도: 배의 일어남과 사라짐에서 열심히 하면 1~2주 후면 볼 수 있을 것입니다.

앞서 이야기했듯이 처음 집중 수행을 하는데 기운이 없었습니다. 배가 부르도록 음식을 많이 먹어도 헛헛했다고 할까요. 배는 부른데, 아무것도 먹지 않아서 배가 고픈 것 같은 증상입니다. 그래서 어쩔 수 없이 먹을 수 있는 한 많이 먹게 되었습니다. 하지만 왠지 민망해서 눈을 감고 음식을 먹었습니다. 그런데 "어째 이런 일이?" 음식을 씹으면서 느껴지는 맛들이 선명하게 잘 드러나면서 잡념 없이 잘 알아차려졌습니다. 집중이 잘 되었습니다. 못 알아차릴 수가 없었습니다. 그래서 눈을 감고 하는 식사명상을 계속하게 되었습니다.

눈에 의해 보이는 또 다른 관심거리가 없으니, 느낌이 강한 입안을 잘 알아차리는 것은 어쩌면 당연한 것인지도 모르겠습니다. 그리고 먹는 것에 관한 욕심은 본능입니다. 이것을 역으로 생각해 보면 알아차림을 가장 잘할 수 있는 곳이라는 뜻이기도 합니다. 어쨌든 소가 뒷걸음질 치다 쥐 잡은 격으로, 부끄러워서 한 행동이 도리어 수행에는 큰 도움이 되었습니다.

재미있는 책은 시간 가는 줄 모르고 읽게 되고, 그림 그리기에 열중하면 옆에 사람이 지나가도 모르는 것처럼, 알아차림에 몰입하는 것은 생각보다 쉽습니다. 누구나 자기가 좋아서 혹은 원해서 하는 일들은 쉽게 몰입할 수 있습니다.

개인적으로는, 행선에서 무거움을 본 것이 너무 신기해서 또 다른 뭔가를 보기 위해서 알아차림에 몰입할 수밖에 없었습니다. 몰입의 알아차림이 중요한 이유는 몰입해서 보아야 꿰뚫어 알아차릴 수 있고, 꿰뚫어 알아차려야 미세한 영역의 법을 볼 수 있고, 미세한 영역의 법을 보아야 깊이 있는 수행의 진보가 이루어지기 때문입니다. 몰입의 알아차림이 없다면 깨달음 또한 없습니다.

깨달음의 열쇠 여섯 번째: 몰입의 알아차림

● 철저한 가르침이 성공으로 이끈다

2006년 12월 13일.

수행 중에는 거울을 보아서도 안 되고, 주변을 둘러보아서도 안 됩니다. 고개는 숙이고, 눈은 발걸음으로 자기 키만큼의 앞을 보아야만 합니다. 식당에서도 마찬가지입니다. 그런데 이날은 생전 처음으로 여러 날 동안 고개를 계속 숙이고 있어서 그랬는지 고개가 아팠습니다. 화가 났습니다. '밥을 얻어먹으러 온 것도 아닌데, 왜 이렇게 밥 먹을 때까지 고개를 숙여야 하는지?' 싫었습니다. 그러면서도 다른 한편으로는 구경을 하고 싶었습니다. 그래서 식당에서 줄을 서서 기다리며 고개를 들었습니다. 그리고는 여기저기를 두리번거리며 구경을 하였습니다.

식당은 원형으로 되어 있었고, 비구 스님들은 따로 중앙 윗부분에 좌식으로 앉아서 식사를 했습니다. 그리고 남녀 재가 수행자들은 중앙을 중심으로 그 둘레에 있는 식탁에서 식사를 하였습니다. 이때 이곳 명상센터 선원장님이 비구 스님들과 함께 식당 안으로 들어오셨습니다. 선원장님도 보고, 스님들도 보고, 수행자들을 보면서 계속 식당 안을 둘러보았습니다. 이렇게 많은 스님들과 수행처의 식당은 처음 보는 것이라 모든 것이 신기하기만 했습니다. 그리고 식사를 하는데, 통역하시는 분이 제게로 다가왔습니다.

통역: 오후에 식당 옆에 있는 법당으로 오세요.
필자: 왜요?
통역: 선원장님께서 수행을 제대로 하지 않았다고 오시랍니다.
필자: 네~.

놀라지 않을 수 없었습니다. 식당에서 고개를 숙이지 않은 것이 후회가 되었지만, 이미 때는 늦은 것이고, 걱정이 되었습니다. 더구나 무상, 고, 무아를 보고 돌아가야 하는데, '수행도 못 하고 돌아가는구나.', '아니면, 다른 수행센터를 가야 하나?', '이 명상센터에서 제일 높은 분한테 딱 걸렸으니 끝이구나.'라는 생각을 하며, 밥은 먹는 둥 마는 둥 하고는 오후에 법당으로 갔습니다. 그런데 거기에는 저 같은 사람이 3명이나 더 있었습니다. 수행하는 방법이 녹음되어 있는 테이프를 다시 들으라는 것이었습니다. 속으로는 안심이 되었고, 이제는 살았다는 생각까지 들었습니다.

이곳 명상센터 선원장님께서는 이 생애에 수다원은 되어야 한다며, 수행자들이 수행을 열심히 하도록 항상 단속하셨습니다. 수행을 열심히 할 수밖에 없었습니다.

지금 생각을 해보면, 선원장님에게 혼이 났던 것이 도리어 제게는 큰 행운이었습니다. 수행이 흐트러지던 차에 선원장님께 지적을 당함으로써 수행을 더욱더 단속할 수 있었기 때문입니다. 아니면 계속 수행에 틈이 생겨 수행의 진보가 더딜 수밖에 없었을 것입니다. 그러면 지금 여기까지 오는 데 더 많은 시간이 소요되었을 것이고, 이로 인해 고통도 더 많았을 것입니다. 어쩌면 중도에 포기했을지도 모릅니다. 때에 맞는 적절한 가르침은 매우 감사한 일이었습니다. 입에 쓴 약이 병을 고치듯이, 철저한 가르침은 힘들지만 수행을 진보하게 만들었습니다.

⚙️〈위빠사나 – 이렇게 수행했다〉

처음 마음을 끝까지 유지하기는 쉽지 않습니다. 이유는 마음이 같은 것이 반복되는 것을 무척이나 싫어하기 때문입니다. 이것이 바로 마음의 이중성입니다. 그래서 수행을 하든 아니면 다른 무엇을 하든, 시간이 지나면서는 어떤 이유로든 꾀가 나는 것은 어쩌면 당연한 것일지도 모르겠습니다. 그러면 결심했던 것에 소홀할 수밖에 없습니다.

저는 다행히도 선원장님께 혼이 남으로써 그것을 극복할 수 있었습니다. 이후에 수행을 더 열심히 할 수밖에 없었습니다. 누가 보건 보지 않건, 하늘을 바라보거나 주변을 둘러보는 행위는 가능한 한 하지 않으려고 노력했습니다. 눈은 발걸음으로 자기 키만큼의 앞을 보고, 꼭 필요한 일이 아니면 다른 사람들과 대화도 하지 않으려고 노력했습니다. 힘들어도 알아차림은 가능한 멈추지 않으려고 노력했습니다.

마음은 어렵고 힘든 건 싫고, 편안하고 싶고, 궁금한 건 보고 싶고, 여유롭게 쉬면서 여기저기를 둘러보며 구경하고 싶어 합니다. 다른 사람들과도 이런저런 이야기를 나누면서 많은 정보를 얻으며 늘 흥미로운 것을 찾습니다. 마음은 어떤 이유를 만들어서라도 다른 뭔가의 필요성에 대한 정당성을 확보하려 합니다. 이런 마음의 유혹에 휘둘린다면 깊이 있는 수행의 진보는 어렵습니다. 알아차림에 소홀할 수밖에 없으니 당연한 일이겠지요.

분명 몸과 마음을 정확하게 집중해서 알아차려야만 법을 볼 수 있습니다. 그러나 궁금해서, 혹은 구경하고 싶어서, 무료해서 주변을 둘러본다면, 법은 볼 수 없습니다. 또한 저절로의 알아차림도 없습니다. 그래서 몸과 마음을 정확히 알아차리는 것은 중요합니다. 몸과 마음이 아닌 것을 알아차리면서는 깨달음을 성취할 수 없기 때문입니다.

● 몸은 스스로 알아서 숨을 쉬고

2006년 12월 14일.

좌선: 배의 부름과 꺼짐을 알아차렸습니다. 호흡이 빠르고 시간이 지나면서 숨소리가 미세해짐을 관찰했습니다. 배의 부름과 꺼짐이 느껴지지 않았고, 배가 없는 듯한 느낌이 관찰되었습니다. 생각은 일어나지 않았고, 몸이 자세를 바로 잡음을 알아차렸습니다. 손이 강해지는 느낌이 일어났다가 바로 사라지면서, 몸이 아프던 것이 사라졌습니다. 배의 부름과 꺼짐, 사이에는 쉼이 있음이 관찰되었습니다. 발은 따뜻하고, 몸은 스스로 알아서 숨을 쉬고, 배에 한가득 시원한 팽창감이 있음을 보았습니다.

필자: 몸과 마음이 따로 논다는 느낌으로 힘들었지만, 오늘 아침부터는 알아차림이 좋아졌고, 식당에서도 움직임이 없을 때는 마음이 저절로 배로 감을 알아차렸습니다. 배의 팽창감을 관찰했습니다.

사야도: 잘했습니다. 좌선은 몇 시간 합니까?

필자: 1~2시간 반 정도 합니다.

❀이때는 좌선을 오래 하면 잘하는 것이라는 생각을 하고 있었습니다. 그래서 할 수 있다는 것을 보여주고 싶어서 4시간 동안이나 움직이지 않고 좌선을 하고서는 사야도께 보고를 드렸었습니다. 지금 생각하니 많이 민망하네요.

경험적으로 보면, 좌선하는 시간은 수행의 단계에 따라 차이가 있습니다. 수행 초에는 1시간 앉아 있기도 힘들지만, 조금이라도 적응되면 2~3시간 정도는 무리 없이 앉아서 좌선을 할 수 있습니다. 그러나 좌선 시간이 길다고 해서 꼭 수행의 진보가 되는 것은 아닙니다. 그것은 지혜가 성숙되어야만 가능합니다. 경험적으로 보면, 수행을 더 많이 해서 수행력이 쌓이면, 좌선은 1시간~1시간 30분 정도가 되면 자연스럽게 저절로 끝이 납니다.

● 수행이 안 되는 날
2006년 12월 16일.

필자: 어제 아침에는 추워서, 오전에는 졸려서, 낮에는 더워서 좌선을 못했습니다. 밤에는 그런 저 자신에게 화가 나서 못했습니다.

사야도: 하하하.

필자: 고통스러운 하루였습니다. 오늘은 물러날 수 없다는 각오로 하니 배에 시원하고 단단한 덩어리가 앉아 있는 듯 관찰되

고, 생각도 많이 줄고 생각이 일어나도 바로 배로 갑니다. 식당
에서 움직이며 걷는 행동들이 이제 하나하나 다 보이기 시작
합니다.

사야도: 노트를 넘기면서 무엇을 보았습니까?

필자: 알아차리지 못했습니다.

사야도: 배의 부름과 꺼짐에는 더 많은 것들이 있습니다. 노력하
십시오.

필자: 네.

❀이렇듯 날씨 이외에도 어떤 날은 모기 알아차림 해주랴, 개미
알아차림 해주랴, 도마뱀까지 알아차림 해주랴, 힘이 듭니다.
여기에다 주변 사람들이 내는 소리를 알아차리고, 옆 사람의
움직임을 알아차리는데 도통 자기 알아차림은 안 되는 날이
있습니다. 이런 날은 무척이나 힘듭니다. 나름대로는 열심히
하려고 하지만 이런저런 이유로 안 되고, 수행의 내용도 없이
힘겨운 날이 있습니다. 그럼에도 사야도께서는 제가 빈틈없이
알아차림에 집중하도록 가르침을 주셨습니다.

미얀마에는 영하의 날씨 같은 추위가 없어서인지 모기가 아주
많습니다. 그래서 새벽이나 밤에는 무조건 모기장 안에 들어
가야만 합니다. 그리고 모기장 안으로 들어온 모기를 내보내
기는 무척이나 힘듭니다. 너무 힘이 들어서 좌선을 망칠 때도

있었습니다. 미얀마 모기는 한국의 모기와는 차원이 다릅니다. 나무를 지나다 모기를 만나면, 제트기가 직선으로 날아가듯 100m 이상을 수평으로 날면서 쫓아옵니다. 그래서 방안으로는 못 들어오게 하려고 노력해도 움직임이 어찌나 날렵한지 소용없습니다.

🎡 위빠사나 – 이렇게 수행했다

지금 생각하니 참 재미있습니다. 수행이 안 될 때, 위에서 언급한 것처럼 물러날 수 없다는 각오로 했다는 말이요. 물론 그때는 심각했습니다. 어쨌든 알아차림을 더 잘하기 위한 방법들을 늘 고민했습니다.

알아차림을 늘 유지하기는 어렵습니다. 그래서 자주 바라보는 공간에 벽보를 만들어 꼭 실천해야 할 사항들을 써서 붙여 놓았습니다. 예를 들어 '알아차림', '아침에 깨어나는 순간 알아차리기', '문 열고 닫을 때 알아차리기', '불을 켤 때 알아차리기' 등등을 붙여 놓았습니다. 이 방법은 분노를 알아차릴 때 '메모지를 활용하라'를 이용한 방법으로, 알아차림을 유지하는 데 도움이 많이 되었습니다.

● 마음의 정화 ②

2006년 12월 21일.

호흡이 미세해지더니 생각은 일어나지 않고, 배에서 가슴으로 기운이 통하는 것 같았습니다. 몸이 단단하게 느껴졌습니다. 호흡을 알아차리지 않고 있음을 깨달았습니다. 깨어나면서 몸이 추워짐이 느껴졌습니다. 잠을 잔 것 같지는 않았습니다. 잤다면 추웠을 텐데, 춥다는 느낌도 없었습니다.

● 마음의 정화 ③

2006년 12월 23일.

좌선: 가슴에서 무겁고 단단한 것이 보였고, 무거운 것은 바로 사라지고 단단한 것은 하나의 덩어리로 계속 관찰되었습니다. 목과 등 뒤쪽에서는 부드러움을 보았습니다. 가슴에 기운이 덮여 있음이 보입니다.

● 마음의 반격

생활 명상: 오늘 새벽에는 생각들이 밀려와 콧노래를 부르는 듯 했습니다. 이 생각은 알아차려도 사라지지 않았습니다. 멈추려 해도 멈추어지지 않았습니다. 시간이 지나면서는 발걸음을 옮기기 힘들 정도였습니다. '오른발', '왼발' 하고 명칭을 외치며 알아차렸습니다. 좌선하면서 '부름', '꺼짐' 하고 명칭을 외

치며 계속해서 알아차리자 생각이 멈추었습니다. 신기했습니다. 아침에는 생각이 일어나지 않음을 보았고, 공양간으로 갈 때에는 조금만 노력하면 생각이 일어나지 않았습니다. 그런데 수행노트를 생각하니 생각이 자꾸 일어납니다. 생각은 많이 줄어든 듯하나 집착과 탐욕이 자꾸 보입니다.

❀ 몸과 마음을 계속해서 알아차리다보면 마음의 다양한 본래 모습들을 접하게 되는데, 그 중에 하나가 마음의 중얼거림입니다. 이것은 수행이 진보하는 과정 중에 자연스럽게 나타나는 현상으로, 마음의 반격 혹은 마음의 반란이라고 해도 좋을 듯합니다.

보통의 경우 생각은 알아차리면 바로 사라집니다. 그러나 이날은 생각을 알아차려도 사라지지 않았고, 멈추려 해도 멈추어지지 않았습니다. 도리어 발걸음을 옮기기 힘들 정도로 마음의 중얼거림이 강렬했습니다. 이렇게 마음이 반격을 해 오는 상황에서는, 그 마음을 알아차리기보다는 무조건 배의 '부름과 꺼짐'이나 '왼발과 오른발'을 명칭을 붙이며 알아차리는 것이 좋습니다. 이 외에도 마음은 혼자 대화를 하거나, 자신의 약점이라고 생각되는 단어를 반복적으로 중얼거리기도 합니다. 이럴 때에도 마찬가지로 배의 '부름과 꺼짐'이나 '왼발과 오른발'을 명칭을 붙이며 알아차리는 것이 좋습니다. 물론 이런 현상이 아니라면 지금 이 순간, 있는 그대로의 몸과 마음을 알아차려야 합니다. 그러나 마음이 반격을 해 오는 상황에서는 그 마음에 휘둘리지 않기 위해서, 마음을 알아차리기보다는 몸의 주 집중 대상을 알아차리는 것이 좋습니다.

● 마음은 고통을 찾아다닌다

2006년 12월 25일.

필자: 공연히 가족 생각이 많이 나고 왠지 갈팡질팡하는 것 같습니다. 공연히 자신을 몰아붙여 여기까지 왔나 싶기도 합니다. 걷는 데 어지러움이 관찰되었습니다. 뭔가 많이 부족한 듯합니다. 다시 가르쳐 주십시오.

❀ 수행이 진보되어 가면서 마음은 지금 여기가 아닌 과거를 생각하며 고통을 찾고 있습니다. 다시 말해 지금 마음속의 내용물이 정화되니 마음은 단기 기억의 저장고에서 새로이 마음을 활성화시킬 것을 찾고 있습니다. 수행이 계속되어 이것조차도 정화가 된다면, 마음은 다시 장기 기억의 저장고에서 마음을 활성화시킬 것을 찾게 됩니다. 이것은 마음이 스스로를 활성화시키며 존재하는 방식입니다. 고통스러운 마음으로부터의 자유는 이런 마음이 알아차림을 통하여 정화가 되었을 때 비로소 가능합니다. 때문에 이런 정화의 과정 중에 보고 듣고 말

한다면 정화 작업은 진도가 나갈 수 없고, 그러면 고통으로부터도 벗어날 수 없습니다. 그래서 묵언 수행은 선택이 아닌 필수가 됩니다.

설사병

먹었다 하면 설사를 하는 통에 음식은 물론 물을 마시는 것도 무서웠습니다. 비상약은 준비를 했지만, 설사약까지는 챙기지 못했습니다. 배의 통증이 심했습니다. 수행도 못하고 고통스럽게 하루를 보냈습니다. 다음 날 식당에서 음식을 보내왔지만 먹을 수가 없었습니다. 먹었다 하면 설사를 해서 아무것도 먹을 수가 없었습니다. 너무 아프고 힘들었지만 아무것도 할 것이 없었습니다. 마음은 누군가를 원망하고 싶어 했습니다. 그러나 누구의 권유 없이 저 좋아서 온 것이라 누구도 원망할 수 없었습니다.

3일째인가 미얀마인 세알레이가 죽을 가져왔습니다. 지금도 기억이 나는 건, 소통은 되지 않았지만, 죽이라도 먹으라는 세알레이의 간절함이 보였습니다. 마치 자기 아이가 아픈 것처럼 안타까워하며 음식 먹기를 간청했습니다. 그러나 먹을 수가 없었습니다.

'세알레이, 지금도 고맙습니다. 깨달음을 성취하시길 빕니다.'

이날 오후에 미얀마인 의사와 나이 드신 세알레이가 와서 약

174

을 주고 갔습니다. 약을 먹으면서 회복되기 시작했습니다. 얼굴은 못 보고, 손을 보니 손가락이 바싹 말라 그야말로 뼈만 앙상했습니다. 이렇게 아파서 고생한 것이 물 때문이라고 생각했습니다. 때문에 이후부터는 꼭 끓인 물을 마셨습니다. 그리고 미얀마에 갈 때마다 휴대용 정수기를 가지고 다녔습니다. 지금은 물 사정이 많이 좋아졌습니다. 그러나 지역에 따라 사정이 다를 수 있으니, 미얀마에 간다면 설사약이나 휴대용 정수기는 꼭 가지고 가는 것이 좋습니다.

미얀마에는 한국처럼 수돗물을 받아 그대로 먹는 것이 아닙니다. 먼저 물통에 물을 받아 놓고 석회를 가라앉힌 후에 위의 물을 마십니다. 그래서 수도꼭지가 특이하게 물통 밑에서 위로 약 10cm 정도 되는 부분에 달려 있습니다.

〈위빠사나 – 이렇게 수행했다〉

이때는 법당에도 못 가고, 방에서 혼자 지내면서 생각했습니다. '수행이라도 하자.' 행선은 하지 못했지만, 계속해서 좌선을 하였습니다. 아프다는 것이 알아차림을 멈추어야 하는 이유는 아니었습니다. 결국 사야도께서 말씀하신 것처럼 배의 일어남과 사라짐에서 열심히 하면 1~2주 후에 볼 수 있다던 무상, 고, 무아를 법당이 아닌 방에서 볼 수 있었습니다.

깨달음의 열쇠 여덟 번째: 아파도 알아차림은 멈추지 않기

● 베일에 가려 있던 미세한 영역이 보이다

2006년 12월 28일.

좌선: 배의 부름과 꺼짐을 알아차리자 굴뚝에서 연기가 나듯 서서히 피어나더니, 기계처럼 왕성하게 일어나고 사라졌습니다. 시간이 지나자 봄의 왈츠처럼 경쾌하고 다양하면서도 역동적인 부름과 꺼짐이 점점 더 빨라지면서 그것을 지켜보는 것은 고통임을 알아차렸습니다. 또한 그것은 멈추게 할 수 없는 것임을 알았습니다.

필자: 이것이 무상, 고, 무아입니까?

사야도: 조금 본 것입니다. 사마디가 더 좋아질 것입니다.

❀놀라울 뿐이었습니다. 배가 불러오고 꺼지는 것은 그게 그거라고 단순하게 느꼈던 것이, '기찻길 옆 오막살이'라는 동요가 연상될 정도로 경쾌하면서도 다양한 모습들이 리듬에 따라 움직였습니다. 배의 부름과 꺼짐 안에는 지금까지 보아왔던 것과는 전혀 다른 세상이 있었습니다. 미세한 영역에서 무상, 고, 무아라고 하는 지혜를 볼 수 있는, 베일에 가려 있던 움직임들

이 보이기 시작한 것이었습니다. 사야도께서 말씀하신, 배의 일어남과 사라짐에서 열심히 하면 볼 수 있다던 그것을 본 것입니다.

이후 집중 수행이 아닌 일상으로 돌아와 좌선을 하면, 배의 부름과 꺼짐에서 미세한 영역은 보이지 않습니다. 매일 아침저녁으로 좌선을 하지만 보이지 않습니다. 삼지구엽초를 마시면 그 에너지가 다리를 통과해 발바닥으로 퍼져나가는 것이 보이지만, 배의 부름과 꺼짐에서 미세한 영역의 움직임은 보이지 않습니다. 이유는 몰입의 알아차림을 하지 않으면 미세한 영역들은 다시 베일 속으로 가려지기 때문입니다. 이것은 중요합니다. 미세한 영역까지 꿰뚫어 볼 수 있는 혜안이 없다면 깨달음 또한 없기 때문입니다. 어쩌면 몰입의 알아차림을 하지 않아도 미세한 영역까지 꿰뚫어 볼 수 있는 혜안을 가진 수행자가 있을지도 모르겠습니다. 그게 아니라면 몰입의 알아차림은 필수 불가결한 것입니다.

● 몸도 마음도 '나'가 아니다

2006년 12월 29일.

배의 호흡이 구름처럼, 기계처럼, 경쾌하게, 1박자에 맞추어, 2박자에 맞추어, 3박자에 맞추어, 때로는 가볍게, 때로는 빠르게, 각양각색으로 일어나고 사라짐이 보입니다. 그것은 너무 빨라

지켜보는 것이 고통스럽습니다. 몸이 내가 아니듯 마음 또한 내가 아님이 관찰됩니다.

● 질문하지 마라

2006년 12월 30일.

사야도: 눈을 들어 여기저기 보면 상이 남고, 그것 때문에 더 생각이 많아집니다. 여기저기 보지 마십시오. 공양시간에는 알아차림 하면서 다른 사람에게 피해가 가지 않도록 하십시오. 그리고 인터뷰는 배의 부름과 꺼짐에 대해 집중적으로 보고토록 하고, 생활의 것은 특별한 것만 보고하십시오. 수행자는 무엇이 중요한지 모르니까 자세히 보고하십시오.

《위빠사나 – 이렇게 수행했다》

선생님이 바뀌었습니다. 어떤 분인지 보고 싶어 사야도의 얼굴을 보았습니다. 그래서 혼이 났던 내용입니다. 오직 알아차림만을 강조하시는 매우 엄한, 개인적으로 좋아하는 네팔 사야도입니다. 이분은 수행자가 규칙을 지키지 않으면 막 야단치시고, 노력을 덜 해도 혼냈습니다. 그런데 전 좋았습니다. 좀 힘들더라도 수행을 제대로 배우는 것이 중요하기 때문입니다.

아무튼 이 사야도의 첫 가르침이 '여기저기 보지 말라' 입니다. 그리고 가장 자주 주시는 가르침은 '질문하지 말라.' 입니다. "수행하기 위한 방법은 질문하라. 그러나 '왜?' 혹은 '무엇인가?'와 같은 질문은 수행의 진보를 가로막는다. 질문은 또 다른 질문을 만들면서 생각을 하게 만들고, 계속해서 또 다른 질문, 또 다른 질문을 만들어 알아차림을 방해한다."는 것입니다. 개인적인 경험으로 보아도 그랬습니다. 그래서 저는 인터뷰할 때, 수행을 하기 위해 필요한 질문 이외에는 가능한 한 다른 질문은 하지 않습니다. 아무튼 이 네팔 사야도께는 아쉽게도 한 달 동안만 가르침을 받을 수 있었습니다. 기회가 된다면 다시 가르침을 받고 싶은 매우 훌륭한 선생님입니다.

● 고품

2007년 1월 1일.

배의 부름과 꺼짐을 알아차리자 그것은 물결이 번져 나가 부채꼴로 퍼지듯이, 일어났다가는 사라져갔습니다. 지루함을 알아차리자 호흡은 서서히 느려지더니 시간이 지나자 다시 빨라졌습니다. 배는 풍선처럼 느껴졌지만, 팽창과 수축은 배꼽 주위에서만 작게 움직였습니다. 빠른 호흡의 움직임은 시간이 지나자 느려졌습니다. 머리도 같은 속도로 움직이기 시작했습니다. 힘들다는 느낌이 관찰되었고 뒤이어 가벼움의 몸짓, 근심, 걱정, 그리고 고통의 몸짓이 관찰되었습니다. 시간이 지나자 투정, 반항, 가벼움, 분주함, 좌절, 마음의 아픔, 절규의 몸짓과 손이 몸을 쓰다 듣고 보호함을 관찰했습니다. 이것은 10대의 반항, 20대의 가벼움, 30대의 분주함, 40대의 좌절, 50대의 마음의 아픔, 노년의 절규였고, 삶은 허무와 고통임을 알았습니다. 구원은 깨달음뿐임을 알았습니다.

잠이 옴을 알아차리자 호흡이 느려짐을 알아차렸고, 눈이 아래를 내려다보고 위를 쳐다보고 주위를 둘러보고 몸이 힘들어함을 관찰했습니다. 뒤이어 놀라는, 일하는, 옥죄는 듯한 몸짓을 관찰했습니다. 어디를 보아도 삶이 고통임을 알았습니다. 호흡이 지루함을 알아차리자 그것이 빨라지기 시작했고 다시 느려지면서 반복되었습니다. 빠름은 같은 빠름이 아니었고, 느림도 같은 느림이 아니었습니다.

● 몸의 존재 방식

2007년 1월 1일.

발을 들려는 마음의 의도가 일어나자 발끝이 가볍게 들리고 발가락이 들리면서 무거움의 특성이 보였습니다. 발이 나가면서 서서히 무거움의 특성이 더해지고 따듯함이 보였습니다. 발이 바닥에 닿자 무거움과 따듯함이 사라졌습니다. 몸을 돌리려는 마음의 의도가 일어나자 몸은 돌려졌고, 몸을 멈추려는 마음의 의도가 일어나자 몸은 멈췄습니다. 몸에는 어떤 의도도 없음을 알았습니다.

❀몸은 꽃처럼 나무처럼 원하는 것도 싫어하는 것도 없습니다. 주어지는 대로 받아들이며 존재합니다. 따뜻한 물을 먹으면 몸이 따뜻해지고, 찬물을 먹으면 몸이 시원해지듯이 고통은 마음이 좋아하는 것은 행복으로, 싫어하는 것은 고통으로 반응하기 때문입니다. 마음이 관여하지 않으면 배가 고픔은 고통이 아니라 현상이듯이, 몸의 아픔 역시 고통이 아니라 현상입니다. 고통은 마음의 장난입니다. 그래서 누구라도 마음에게 휘둘리지 않는다면, 꽃처럼 나무처럼 평화롭고 행복해 질 수 있습니다.

● 무아無我

2007년 1월 6일.

마음의 의도로 발이 앞으로 나가자 따뜻함이 발등까지 감싸는 느낌이 느껴지고, 벽의 느낌이 나타나자 발은 멈추었고, 발이 바닥으로 내려지면서 무거움이 보였습니다. 내가 걷는 것이 아니라 저절로 걷게 된다는 느낌입니다.

● 무상無常

2007년 1월 6일.

호흡의 사라짐이 서서히 짧아지면서 부름과 꺼짐을 느낄 수 없었습니다. 가슴의 움직임은 없었고, 팔이 움직였습니다. '왼쪽 엉덩이 닿음, 오른쪽 엉덩이 닿음' 하고 계속 명칭을 붙이자, 하늘까지 치솟는 왕의 권세에 많은 사람들은 경배를 하였지만 시간이 지나면서 쇠퇴해 가고, 돌로 쌓은 굳건한 성벽은 시간이 지나면서 비바람에 무너짐을 보았습니다.

필자: 지금까지 6회 배의 사라짐을 보았습니다. 이때는 어떻게 해야 하나요?

사야도: 초보자로서는 할 수 없는 것입니다. 할 수 있는지 봅시다. '앉음, 닿음'(상세한 방법은 위빠사나의 좌선. 참고)을 하십시오. 그리고 숫자는 세지 마십시오.

✸재미있지 않나요? 하늘까지 치솟는 왕의 권세도, 돌로 쌓은 굳건한 성벽도 사라져 갔습니다. 그런데 우린 영원을 꿈꾸고 있습니다. 생겨난 모든 생명체의 존재 방식이 무상인데도 마음은 자꾸 뭔가에 집착하고 있습니다. 그것이 재물이든, 자식이든, 명예이든, 놓으면 죽을 것만 같아 아프면서도 놓지 못하며 고통스러워하고 있습니다.

● 앉음과 닿음의 특성
2007년 1월 8일.
좌선: 배의 부름과 꺼짐의 길이가 서서히 줄어들면서 사라졌습

니다. '앉음, 닿음'을 하였더니 부드러우면서도 푹신푹신하지 않은, 단단하면서도 딱딱하지 않은, 따뜻하면서도 덥지 않은, 높으면서도 편안한 자리에 있음이 보였습니다. 앉음은 ○○○ 을 아는 것이고, 닿음은 ○○○을 아는 것임을 알았습니다. (○ ○○은 수행을 통해 직접 경험해 보시기 바랍니다.)

행선: 슬로모션처럼 발이 움직였고, 당김에 의해 발이 내려가고, 바닥에 발이 안기듯 닿는 느낌과 내가 걷는 것이 아니라는 느 낌이 보였습니다.

생활 명상: 11일, 12일은 밤이나 낮이나 계속 잠이 왔습니다. 새 로운 국면이 올 것 같다는 느낌이 왔습니다. 집중력이 좋아지 면서 어지러움이 느껴지고, 움직임들이 슬로모션처럼 천천히 움직여졌습니다.

● 몸의 사라짐
2007년 1월 13일.

좌선: 배의 꺼짐이 짧아지면서 배가 사라짐을 알았습니다. 상체 가 앞뒤로 흔들렸고, 시간이 지나면서 다리의 아픈 곳을 제외 하고 몸이 느껴지지 않았습니다. 입에 침이 나오면서 입이 둥 둥 떠 있다는 느낌이 보였고, 다리가 계속 아프게 되자, 몸의

느낌이 다시 느껴졌습니다.

필자: 몸이 사라지면 책에서는 앎을 하던데, 어떻게 해야 하나요?

사야도: 수행 중 책을 읽지 마십시오. 전에 알던 것, 들은 것, 다 잊어버리십시오. 알아차림만 하십시오.

필자: 어제 1시 좌선 이후는 수행의 진전이 없습니다. 다시 가르침을 주십시오.

사야도: 알아차림이 많을수록 수행에 진전이 있는 것입니다. 처음에는 거친 알아차림에서 다음에는 미세한 것까지 알 수 있습니다.

필자: 네.

사야도: 침이 나오는 것, 삼키는 것, 다 알아차리십시오. 지병이 좋아질 것입니다.

필자: 네. 고맙습니다.

● 평안하고 행복한 나날들

2007년 1월 22일.

배의 부름과 꺼짐을 알아차리자 몸에 힘이 강해지더니 뭔가 퍼져가면서 몸이 선명해짐이 관찰됩니다. 생각은 포기했다는 느낌이 들었습니다. 손가락 위로 물방울이 굴러다니는 느낌이 순간적으로 보이고, 계속해서 배가 한쪽으로 당기는 느낌, 발에 물결이 퍼지는 느낌, 떨림, 발가락의 뻣뻣함, 귓속으로 빨려 들어가는 느낌, 입가가 뻣뻣하면서 단단한 느낌이 보입니다. 그리고 이리저리 움직이는 미세한 느낌들이 많이 관찰되었습니다. 주로 다리 쪽에서 많이 보였고, 알아차림의 시간이 많을수록 더 많은 것들이 보임을 알았습니다. 왠지 마음이 평안합니다.

사야도: 알려 하지 말고, 생각하려 하지 말고, 알아차림만 하십시오. 수행자가 할 일이라고는 알아차림뿐입니다. 부름의 시작과 끝, 꺼짐의 시작과 끝을 정확히 보아야 합니다. 그리고 일어나는 대상을 정확히 보면 기록하지 않아도 정확히 기억합니다. 알아차림 안에 있으면 행복합니다. 신중하게, 신중하게 보십시오.

● 아주 미세한 4대 요소가 보이다
2007년 1월 27일.

행선: 마음의 의도가 있자 발의 움직임이 일어났습니다. 발바닥에 뜨거움의 퍼짐, 단단함이 보이고, 발톱 위로는 뻣뻣함의 이동이, 찌릿찌릿함이 보였습니다. 발등 위로 바람결 같은 움직임이, 벌레가 기어가는 움직임이 일어났다가는 사라져 감이 보였습니다.

❈이때는 행선을 할 때 양말을 두 개, 세 개씩 신고 해도 발 관절이 여기저기 자꾸 아팠습니다. 그래서 이후에 방을 법당과 가까운 곳으로 옮겼습니다. 행선에서는 '이것이 찰나 삼매인가' 할 정도로 몰입이 되었습니다. 많은 부분 저절로 움직여지며 수행이 저절로 되었습니다. 몸은 아프지만 마음은 평안하고, 모든 것이 감사함으로 다가왔습니다.

● 가려움은 수행력을 의미한다

2007년 1월 29일.

필자: 4일 전부터 몸이 따끔거리며 가렵습니다. 처음 이틀은 목 쪽이, 어제오늘은 가슴과 등 위쪽이, 그리고 가끔은 배 쪽도 가렵습니다. 점점 내려가면서 가렵습니다. 수행 중 이런 현상도 일어날 수 있나요? 피부병 같지는 않습니다. 알아차리면 없어집니다. 그리고 가려워서 집중이 덜 됩니다. 생각을 하다가도, 움직이다가도 마음은 배로 갑니다.

❈수행이 계속되면서 몸에 따끔거리며 가려운 증상들이 나타나는데, 이것은 바람의 요소로 수행력이 향상되면서 몸에 나타나는 자연스러운 현상입니다. 이외에도 어지러움, 메스꺼움, 전율 등이 나타날 수 있습니다.

● 정화되기 위해서 올라오는 과거

2007년 2월 2일.

생활 명상: 1월 31일, 2월 1일은 과거의 일로 좌선하다가도, 걸어가다가도 눈물이 났습니다. 평안함과 고요함을 알아차리자 덤덤함이 느껴집니다.

《위빠사나 – 이렇게 수행했다》

알아차림이 계속되어 '지금'이 정화가 되고 단기 기억 속의 내용물이 정화가 되면서 평안하고 행복해지니, 이제 마음은 다시 장기 기억 속의 아픔들을 생각하며 울고 있습니다. 다시 말해 가슴 깊은 곳에 있는 심층부의 아픔인 과거에서 고통거리를 찾으며 스스로를 활성화 시키고 있습니다. 이렇듯 마음은 계속해서 스스로를 활성화시키기 위해서 노력을 합니다. 이것이 바로 마음이 존재하는 방식입니다. 이런 마음의 존재 방식을 꿰뚫어 알아차리는 것은 중요합니다. 그래서 마음에게는 더 이상 스스로를 활성화시킬 기회(정보)를 주지 않는 것이 좋습니다. 만약 마음이 '지금'을 통해 다시 활성화된다면, 다시 말해 누군가와 대화를 하거나 주변을 둘러보는 등의 방법으로 스스로를 활성화시킨다면, 기억 속의 내용물들은 정화될 수 없습니다. 그래서 '여기저기 둘러보지 않기'나 '묵언' 수행을 실천하는 것이 좋습니다. 그러면 조금은 더 빠르게 마음의 고통으로부터 자유로워질 수 있습니다.

● 고통에 대한 바른 이해

2007년 2월 6일.

행선은 하면 할수록 사마디가 깊어짐을 알았습니다. 어제는 모기에 물렸는데 웃음이 나왔습니다. 계속 괴롭힘을 당해도 웃음이 나옵니다. 그러나 수행에 방해를 받으면 화가 나기도 합니다.

❀모기에게 물리는 것은 아픔이지만, 모기의 존재 방식으로 이해되면서 모기에게 괴롭힘을 당해도 웃음이 나왔습니다. 아픔이 고통이 아니라 연민으로, 이해로 다가왔습니다. 모든 생명체가 먹이사슬로 연결되어 있습니다. 이 육체 덩어리는 다른 생명체로부터 얻은 양식으로 이루어졌고, 생명을 유지하고 있습니다. 얻은 것이 있으니 주는 것도 있어야겠지요.

● 걱정과 두려움이 사라지고

2007년 2월 8일.

호흡을 알아차리자 발과 다리에서 빙빙 도는 움직임, 간지러움, 경직됨, 벌레의 움직임 등 여러 가지 미세한 움직임들이 보입니다. 저절로 몸의 자세가 바로 세워지고, 생각은 일어나지 않습니다. 반복적으로 몸이 바로 세워지고, 통증을 알아차리자 바로 사라집니다. 걱정이 있었는데, 걱정이 없어지는 것 같은, 가슴이 맑아지는 느낌이 관찰됩니다.

❀밤 9시에 법당에서 수행을 마치고 집으로 돌아오면서, 어두운 밤에 혼자 호숫가를 지날 때에는 늘 두려움이 느껴졌었습니다. 그런데 두려움이 사라지고 평안했습니다. 사람들이 다 예뻐 보입니다. 미운 짓을 해도 이해가 됩니다. 고통이 존재의 방식으로 이해되어 다가오고, 모든 것이 기쁨으로 다가왔습니다. 가슴이 맑아지는 것과 같이, 마음이 정화된다는 것은 이렇게 평안해지는 것이네요.

● 고요함

2007년 2월 13일.

호흡을 알아차리자 몸의 움직임이 보입니다. 계속 알아차려도 움직여 호흡을 알아차렸습니다. 빛이 보여 알아차려도 사라지지 않고 점점 더 밝아지더니 시간이 지난 후 사라졌습니다. 생각은 일어나지 않고 몸도 움직이지 않으면서 고요함이 관찰됩니다.

● 수행처를 떠나는 날

2007년 2월 19일.

침대에 부딪쳐 아파도 화가 나지 않고, 발이 아파도 슬프지 않습니다. 수행처를 떠나면서 그동안 볼 수 없었던 여기저기를 둘러보았습니다. 아름답습니다. 손에 잡힐 것 같은 별들, 너무 좋습니다. 잠이 오지 않네요.

육체의 고통보다 더한 고통

수행이 두 달 정도 지나면서부터는 아침에 일어나면 몸은 축축하게 젖어 있었고 추위에 떨었습니다. 그럼에도 좀 더 수행을 하기 위해서 B수행센터를 찾아갔습니다. 그런데 법당 앞에서 너무도 자연스럽게 이야기를 나누는 수행자들을 보고는 놀라지 않을 수 없었습니다. 어쨌든 원하는 수행의 방식이 아니었습니다. 그런데다 건강은 더욱 악화되어 미얀마의 35℃ 되는 한낮에도 턱이 시리고, 잇몸이 시리고, 눈동자가 시렸습니다. 처음 계획은 6개월에서 1년 정도 머무르며 수행을 계속하는 것이었지만, 어쩔 수 없이 한국으로 돌아올 수밖에 없었습니다.

가족들은 어디 아프냐고 묻습니다. 동생은 제가 시체가 되어 돌아왔다고 합니다. 그러나 아프다고 할 수가 없었습니다. 저 좋아서 갔으니 말입니다. 한의원에를 다녀오는데, 4월의 날씨에도 등판에 얼음을 매달고 다니는 것 같았습니다. 너무 고통스러웠습니다. 한약을 먹었지만 건강은 회복되지 않았습니다. 육체가 너무도 고통스러워 다시는~ 절대로, 절대로 미얀마에 가지 않겠다고 결심을 하였습니다. 그러나 수행은 포기할 수 없었습니다. 그래서 2007년 겨울 한국에 있는 수행처에 가서 집중 수행을 하였지만, 이런 저런 이유로 수행을 지속하기가 어려웠습니다. 결국 집으로 돌아올 수밖에 없었습니다.

그런데 이 육체의 고통보다 더한 고통이 있었습니다. 그것은 바로 마음의 고통이었습니다. 계속되는 마음의 고통으로부터 벗어나고 싶었습니다. 마음의 고통은 저를 다시 미얀마로 밀어 넣는 것 같았습니다. 시간이 약이라고 하던가요. 절대로 가지 않겠다던 마음도 시간이 지나면서 사그라들었고, 그리고 사야도께서 '지병이 낫을 것이다.'라고 말씀하신 것을 기억하면서 다시 수행을 하기 위해 미얀마로 떠나기로 결심하였습니다.

그리고 마지막이라는 생각을 하면서 방송에 나온 유명하다는 박사님을 찾아가서 진료를 받았습니다. 아침부터 굶고 MRA도 찍고, 피도 빼고, 달리기도 하고 등등, 이것저것 검사를 끝내고 집으로 돌아와야 하는데 혼자서는 움직일 수 없을 정도로 아파서, 병원 도우미의 도움으로 택시를 타고 집으로 돌아왔습니다. 그런데 검사 결과는 모든 것이 정상이라고 하네요.

이렇게 한의원을 다니고 병원을 가 보아도 소용이 없었습니다. 그래서 이 육체를 포기하였습니다. 결국 고통은 제가 수행을 계속하도록 만들었습니다. 그래서 배웠습니다. 고통이 고통으로부터 벗어나게 한다는 것을요.

15장

두 번째 명상 일기(위빠사나 – 이렇게 수행했다)

● 육체의 치유

2008년 11월 16일.

커졌다 작아졌다를 반복하던 호흡이 느려지더니 사라졌습니다. 계속 알아차리자 미세한 움직임이 관찰되더니 사라졌습니다. 살짝 앞으로 굽어진 허리가 조금씩 움직이며 자세가 바르게 되었습니다. '앉음, 닿음'을 알아차리자 부드러운 풍선 위에 앉아 있는 느낌입니다. 며칠 동안 아팠던 허리의 통증이 사라졌습니다.

위빠사나 – 이렇게 수행했다〉

처음 집중 수행의 경험을 토대로 알아차림을 더 잘하기 위해서 여러 가지 준비를 하였습니다. 먼저 미얀마에서는 한국 음식을 조금씩이라도 매일 먹는 것이 좋다고 하신 스님의 조언에 따라 뻥튀기한 콩을 준비했고, 소음인의 보약인 홍삼·황기·당귀·대추를 준비했습니다. 그리고 상비약도 준비했습니다.

● 점점 더 섬세해져 가는 무아

2008년 11월 17일.

좌선 후 숄을 정리해야 한다고 생각하자 손이 자연스럽게 움직여 숄을 정리하기 시작함을 알아차렸습니다. 접어지는 모양이 마음에 안 든다는 생각이 일어나자, 손은 숄을 다시 펴서 반듯하게 정리하며 접음이 보입니다. 숄은 한쪽으로 내려놓았습니다. 자세를 바로잡고 삼배를 올렸습니다. 고개를 숙이면서 빨려 들어가는 것처럼 몸이 숙여지고, 고개를 들어 일으킬 때는 무거움이 점점 가벼워지면서 일어났습니다. 평상시의 모습과는 다른 모습으로, 그리고 삼배를 각기 다른 모습으로 하였습니다. 몸은 마음의 의도와 관계없이 알아서 움직여짐을 알았습니다.

《위빠사나 - 이렇게 수행했다》

알아차림을 더 잘하기 위한 방법들에 집중했습니다. 우선 로션이나 선크림 등 얼굴에는 아무것도 바르지 않았습니다. 그리고 35℃의 한낮에 법당에 가고, 공양간에 가고, 방으로 갈 때 사용하는 우산도 쓰지 않았습니다. 신발은 손이 가지 않고도 신을 수 있는 것으로 준비를 하였습니다. 그리고 손수건 등 필요한 소품을 넣어 가지고 다니던 작은 가방도 아쉽지만 포기하였습니다.

우산은 쓰기 위해서 찾는 순간부터 몸과 마음의 알아차림에서 벗어나기 시작합니다. 우산을 쓰지 않은 건, 오로지 몸과 마음의 알아차림에 몰입하겠다는 의지의 표현이었습니다. 다른 것들도 마찬가지입니다. 움직임이 많을수록 알아차림의 공백이 있을 수밖에 없습니다. 그래서 움직임을 최소화하기 위해 노력했습니다. 오로지 알아차림에 몰입하기 위한 방법에 집중하였습니다.

깨달음의 열쇠 아홉 번째: 움직임을 최소화하기

● 잠들어 있는 몸을 알아차리다
2008년 11월 19일.

와선: 덥고 갑갑하여 잠에서 깨어났습니다. 계속 뒤척이다 창문을 열고 다시 잠을 청하며 배의 부름과 꺼짐을 알아차렸습니다. 시간이 지나자 뭔가 쫙 퍼지는 느낌이 일어나고 사라지고, 일어나고 사라졌습니다. 몸은 잠들어 있습니다. 그러나 마음은 깨어 있어 다시 몸을 알아차렸습니다. 몸은 미동도 없이 잠들어 있습니다. 배의 부름과 꺼짐을 알아차렸습니다. 그렇게 시간이 흐르고 몸이 편안하다는 느낌입니다. 그리고 몸이 움직였습니다.

사야도: 몸과 마음이 별개임을 본 것뿐입니다.

● 일상이 무아無我로

2008년 11월 21일.

행선: 발을 들어 올리는데, 퍼지는 듯한 미세한 움직임이 보였습니다. 발이 뭔가에 이끌리듯 저절로 갑니다. 발이 내려가면서 빨려 들어가듯이 바닥에 닿았습니다.

생활 명상: 음식을 씹을 때는 양쪽 이를 사용하고, 허리는 바르게 펴졌습니다. 길을 걸을 때는 직선이 아닌 곡선으로 걸었고, 행동은 빠름이 아닌 느림으로 움직였습니다. 작은 움직임도 알아차리지만 망상도 많이 합니다.

〈위빠사나 – 이렇게 수행했다〉

사실 알아차림은 늘 잘하고 싶지만 쉽지 않습니다. 그래서 한 가지 방법으로 '알아차림'이라는 글자를 써서 시선이 자주 가거나 손이 자주 가는 곳에 붙였습니다. 예를 들어 거울 위, 칫솔 통 옆, 방문 손잡이 옆, 수시로 사용하는 수도꼭지 위 등등에요. 이 방법은 처음 분노를 알아차릴 때 도움이 된 방법을 활용한 것입니다.

이렇게 '알아차림'이라는 메모지를 필요한 곳곳에 붙여 놓으니까, 이 단어를 볼 때마다 자동적으로 잡념보다는 알아차림을 더 많이 하게 되었습니다. 그리고 때로는 저절로 알아차림이 될 때도 있었습니다. 이 방법은 벽보는 멀리 있지만, 알아차림이라는 단어는 알아차림을 해야 하는 순간에 보이기 때문에 알아차림을 더 철저히 하게 만들었습니다. 그래서 이 방법이나 벽보 만들기는 집중 수행 중에는 늘 이용하는 방법입니다. 마음에게는 아무리 잘하라고 일러주어도 하지 않을 때가 많습니다. 그래서 무엇을 해야 하는지를 늘 알려주는 것이 좋습니다.

● 존재에 대한 바른 이해

2008년 11월 25일.

좌선: 빠른 호흡이 보입니다. 발이 시원해져서 계속 알아차리자 시원함이 사라졌습니다. 부름과 꺼짐이 느려지더니 사라졌습니다. 주변의 시끄러운 소리가 들립니다. 그들의 방식이라는 생각이 일어남을 보았습니다. 몸이 움직여지더니 호흡이 다시 나타나 배의 부름과 꺼짐을 알아차렸습니다. 좌선 시간에 잠자는 시간이 많습니다.

생활 명상: 천천히 움직여 빨래를 하고 정리를 하니 하나하나 다 알아차리게 되어 재미났습니다. 좌선이나 행선보다 좋다는 생각이 일어남을 알아차렸습니다. 그러나 오늘은 덜 알아차리게 되니까 힘들다는 생각과 잘해 보자는 생각이 일어났습니다.

●오직 이 순간뿐이다

2008년 11월 26일.

행선을 하는데, 평화롭습니다. 지그재그로 걷기, 왼발 오른발 다르게 걷기 등 다양한 걸음이 보입니다. 평화롭다는 생각이 일어나면서 '이 순간은 끝이로구나!', '이 순간은 영원하지 않다.'는 생각이 일어났습니다. 과거도 미래도 없이 오직 '이 순간만 존재하는구나!' 하는 생각이 일어나면서 '이 순간이 사라진다.'는 생각이 들자 무섭다는 생각이 일어났습니다. 더 열심히 해야겠다는 생각이 일어났습니다.

좌선: 다양하게 움직이던 호흡이 서서히 느려지며 사라질듯 말듯 계속되었습니다. 몸이 저절로 움직이고, 호흡이 사라졌습니다. '모든 것이 때가 있구나.' 하는 생각이 일어났습니다. '앉음, 닿음'을 알아차렸습니다. 몸은 저절로 움직이고, 무릎에서 다리에서 따끔거림과 간지러움, 몸이 부르르 진저리쳐짐이 발까지 느껴집니다. 몸이 고통스러워하더니 사라지고, 팔과 다리에 따끔거림이 느껴졌습니다.

❀조금 전의 발걸음이 지금의 발걸음이 아니고, 조금 전의 몸이 지금의 몸이 아니었습니다. 산다는 것은 오직 이 순간뿐이었습니다. 우리는 과거를 기억하고 미래를 꿈꾸지만, 그것은 허

무한 것이었습니다. 지금 이 순간을, 있는 그대로를 싫어하고 좋아함 없이 정확히 알아차리니 우주의 근원적인 원리가 자연스럽게 다가오네요.

● 존재에 대한 바른 이해

2008년 11월 26일.

다가오는 사람들은 내게 뭔가를 요구하거나 비난하기 위해서 오는 것 같습니다. 그러나 그들만의 이유로 오고 가는 것이라는 이해로 다가옵니다. 잠이 들려는 순간 물방울이 떨어지는 소리가 또렷하게 크게 들립니다. 물방울이 존재하는 방식으로 이해됨이 관찰됩니다. 새소리가 요란하게 들리는 순간, 새에게도 나름의 이유가 있음으로 이해됨이 관찰됩니다. 주변 사람들의 시끄러움은 그들이 살아 있음의 증거로 이해됩니다. 생각은 집중 속으로 빨려 들어감이 관찰됩니다. '나'란 것은 없으며, 몸은 무아에 의해 스스로 보호되며 당당하게 존재함이 관찰됩니다. 고통스럽다는 생각이 자꾸 일어납니다. 어디로든 도망치고 싶다는 마음이 보입니다. 그러나 그 어디든 고통스럽다는 생각이 일어납니다. 계속 알아차리자 평화로워집니다.

❀마음이 정화되자 사람들이, 세상이 다르게 보이기 시작했습니다. 경쟁적으로, 공격적으로 보이던 사람들이 각자 나름대로

198

열심히 살아가고 있음으로 이해되었습니다. 지금까지 보아온 불편했던 것들이 존재의 방식으로 이해되어 다가왔습니다. 몸은 본래부터 가지고 있는 존재 방식에 의해 저절로 보호되며 당당하게 존재함이 보입니다. 삶이 고통이라고 하지만, 그것을 인식할 '나'란 것이 없음이 이해로 다가왔습니다.

그동안 자기만의 눈높이로 세상을 이해하고 판단해 왔음이 통찰로 다가왔습니다. 수행을 통해 마음이 정화되니 마음의 눈으로 바라본 세상은 진실이 아님이 이해로 다가왔습니다. 육체가 존재하는 방식이, 마음이 존재하는 방식이 이해로 다가왔습니다. 고통을 경험하는 마음으로는 진리를 볼 수 없음이 통찰로 다가왔습니다. 혜안이 열리기 시작하고 우주의 근원적 원리인 참된 이치가 보이니 장님이 눈을 뜬 것처럼 그동안 보아왔던 세상이 다르게 보입니다. 그저 몸과 마음을 알아차리는 것을 했을 뿐인데, 지금까지 보아온 고통스러웠던 세상이 아니라 평화롭고 행복한 세상으로 달라져 보입니다.

● 물질은 곧 허공이다

2008년 12월 4일.

호흡을 알아차리자 부름과 꺼짐 사이로 생각들이 일어났다 사라집니다. 손과 손가락에서 도르륵 하는 움직임이 일어났다 사라지고, 무릎에서의 따끔거림으로 인해 발끝까지 진저리쳐짐이 퍼져 갑니다. 발끝에 따스함이 느껴지고, 발과 다리에서는 바람처럼, 벌레처럼 움직임이 일어나고 사라지는 것이 느껴집니다. 호흡이 느려지더니 작아집니다. 몸이 움직이기를 반복하더니 순간 몸이 우뚝 서며 바로 세워집니다. 미세한 부름과 꺼짐이 사라졌습니다. 배가 맑아졌습니다. '앉음, 닿음'을 알아차렸습니다.

사야도: 부름과 꺼짐이 어떻게 사라졌습니까?

필자: 하늘의 허공처럼 아무것도 없습니다.

사야도: 잘했습니다.

필자: 이렇게 다시 가르침을 받게 되어 기쁩니다. 저를 기억하시겠습니까?

사야도: 물론 기억합니다.

필자: 사야도께서 매우 훌륭하신 선생님이라는 것을 저는 압니다. 잘 부탁드립니다.

⊛이번 수행에서 인터뷰해 주시는 우 자띨라 사야도는 처음 미얀마에 왔을 때 인터뷰해 주신 분으로 2년 만에 다시 만나 두 번째로 가르침을 받고 있습니다. 질문을 통해 알아차림을 더 잘할 수 있도록 유도해 주시는 제가 좋아하는 사야도입니다. 2008년도에는 여러 나라에서 유행한 조류독감으로 인해 다른 해와 비교해 수행자가 적었습니다. 주변의 상황이 어려운 데

에도 불구하고 찾아온 수행자들에게 도움이 되도록 센터에서는 인터뷰를 매일 해주었습니다. 그래서 좀 힘들기는 하지만 수행은 더 열심히 할 수 있었습니다.

〈위빠사나 - 이렇게 수행했다〉

이때 선원장님께서 특별히 모든 외국인 수행자들을 인터뷰해 주셨습니다. 그런데 저는, 워낙 훌륭하신 선원장님이라 고민은 되었지만, 개인적으로 수행에는 도움이 되지 않으리라는 판단이 섰습니다. 왜냐하면 선원장님을 만나기 전에 긴장하고, 만나면서 긴장하고, 이후에는 말씀하신 내용들이 생각을 더 하게 하기 때문입니다. 그래서 선원장님과의 인터뷰는 거절했습니다. 알아차림에 좀 더 집중하기 위해서 특별히 마련된 기회를 포기했습니다. 이렇게 수행 중에는 어떤 특별한 경험이나 구경거리가 있어도 거절하는 것이 좋습니다. 오로지 알아차림에만 집중하는 것이 좋습니다.

● 뇌파가 떨어지다

2008년 12월 6일.

좌선: 배의 부름과 꺼짐을 알아차리자 좀 빠른 박자로 움직입니다. 어둠이 내려앉듯이 차분해짐이 보입니다. 부름과 꺼짐의 윤곽이 뚜렷하지 않던 것이 뚜렷해졌습니다.

2008년 12월 7일.

묵직하고 무거운 호흡이 보입니다. 생각이 일어나고 사라지고 호흡이 빨라졌습니다. 어두워졌다는 느낌이 들면서 빛이 보입니다. 빛을 알아차리자 빛은 나타나고 사라지기를 반복합니다. 그리고 밝아졌다는 느낌과 조금 어두워졌다는 느낌이 반복됩니다. 미세한 호흡이 느껴지고 몸이 조금씩 계속 움직입니다. 발과 다리에서 벌레가 움직이는 것 같은 미세한 움직임들이 느껴집니다. 지루하다는 생각을 하자 좌선을 멈추었습니다. 다른 좌선에서는 미세한 호흡을 알아차리다 잠이 듭니다.

뇌파의 종류

좌선 중에 어둠이 내리거나 하얀 것이 내리는 현상들은 뇌파가 떨어지는 현상입니다. 혹은 '어둠과 밝음의 조화로운 상태로 빨려 들어가는 것 역시도 뇌파가 떨어지는 현상입니다. 이렇게 수행 중에 뇌파가 세타파 상태로 떨어질 때에는 기적이 이루어지기도 합니다.

❀ 베타파(14~30사이클/초)

의식이 깨어 있을 때의 뇌파는 베타파(beta wave)입니다. 이 상태가 계속해서 지속되면 뇌는 혼돈에 이르고 초조해집니다. 물론 학습효율도 저하되게 됩니다. 일상생활 중에 대부분 사람의 뇌파는 베타파로 14헤르츠(Hz)에서 30Hz로 빠르게 움직입니다. 우리가 눈을 뜨고, 걷고, 흥분하고, 긴장하는 외부 세계에 초점을 맞추고 있는 경우에 대개는 14~30Hz입니다. 이때는 베타파가 우리 뇌를 지배합니다.

❀ 알파파(8~13사이클/초)

우리가 눈을 감고 몸을 이완시키면, 뇌파의 활동은 속도를 완화시킵니다. 이때 뇌는 13Hz에서 8Hz 사이의 알파파를 폭발적으로 생산하며, 뇌는 알파파 상태가 됩니다. 알파파 상태는 뇌의 이완 상태입니다. 의식이 높은 상태에서 몸과 마음이 조화를 이루고 있을 때 발생되는 뇌파가 알파파입니다. 알파파를 명상파라고도 하는데, 근육이 이완되고 마음이 편안하면서도 의식이 집중되어 있습니다. 건강하고 스트레스 없는 상태의 사람들은 알파파가 많이 생성됩니다.

❀ 세타파(4~8사이클/초)

세타파는 지각과 꿈의 경계 상태로 불립니다. 꾸벅꾸벅 졸고 있거나 잠들었을 때, 그리고 얕은 수면 상태에서는 알파파보다 더욱 느린 세타파 상태입니다. 이 상태에서는 예기치 않은, 꿈과 같은 마음의 이미지를 종종 동반하게 되고, 그 이미지는 생생한 기억으로 이어지는 경험을 하게 됩니다. 통찰력과 초

능력이 발휘되기도 하며, 때로는 우리가 오랫동안 어려움을 겪었던 문제해결의 아이디어를 제공하는 창조적인 힘이 되기도 합니다.

❈델타파(0.5~4사이클/초)

세타파보다 더 느리게 움직이는 4Hz 이하에서 형성됩니다. 델타파 상태에 있을 때는 잠들어 있거나 무의식 상태입니다. 델타파 상태에서는 많은 양의 성장 호르몬이 생성됩니다. 심신의 치유에 도움이 됩니다.

● 몸의 정화 ①

2008년 12월 9일.

작은 호흡이 미세하면서 다양한 부름과 꺼짐으로 변화되어 갑니다. 시간이 지난 후 몸이 안개에 싸여 있다는 느낌입니다. 배의 형체는 느껴지지 않고, 부름과 꺼짐이 왔다 갔다 하는 느낌이 지속되다 사라졌습니다. 배에 아무것도 없다는 느낌입니다. 몸의 형체가 뚜렷하지 않습니다. '앉음, 닿음'을 알아차렸습니다.

❈마음이 어느 정도 정화되고 나서, 뇌파가 떨어졌습니다. 그리고 몸이 안개에 싸이며, 몸의 형체가 뚜렷하지 않으면서 몸의 정화가 시작되었습니다. 몸이 작아 보이거나 환해지고 밝아지

며 몸이 정화되어 갔습니다. 그저 지금 이 순간, 몸과 마음이 하는 양을 있는 그대로 알아차리니까 모든 것이 저절로 되네요.

✺〈위빠사나 – 이렇게 수행했다〉

알아차림은 움직임이 적을수록, 그리고 단순할수록 유리합니다. 그래서 알아차림을 좀 더 잘하기 위한 방법들을 생각하다가, 화장실이나 방안에서 불필요한 움직임이 없도록 동선의 길이를 짧게 물건들의 위치를 잡았습니다. 예를 들어 차를 마시기 위해서 하는, 물을 끓이거나 재료를 준비하고 컵을 준비하는 등의 동작들은 가능한 적게 움직이면서 할 수 있도록 물건들을 한쪽에 모아 놓았습니다. 그리고 수행이 잘될 때는 알아차림에 더욱더 집중하고, 이런저런 이유로 수행이 안 될 때는 청소나 빨래 같은 움직임이 많은 일들을 하였습니다.

● 몸의 정화 ②

2008년 12월 10일.

작고 빠른 호흡이 느려졌다 빨라졌다 미세해졌다를 반복합니다. 발이 살아나는 느낌, 전기가 통하는 느낌이 계속됩니다. 하체가 움직여지고 위장이 편안한 느낌입니다. 양 어깨가 움직여지고 팔이 없는 몸의 형체로 느껴집니다. 머리가 깊이 숙여졌다 잠시 후 펴졌습니다. 그리고 몸이 환해졌다, 밝아졌다는 느낌입니다.

● 수행은 되다 안 되다의 반복

2008년 12월 17일.

크면서 강하고 거친 호흡이 작고 부드러워졌습니다. 생각이 일어나는 것을 알아차리자 사라집니다. 배는 시원하고, 허리는 꼿꼿하게 세워집니다. 호흡이 작아지고 허리가 다시 꼿꼿하게 세워집니다. 호흡이 힘들어지면서 배의 부름과 꺼짐이 안 됩니다. 잠시 후 좌선을 멈추었습니다. 시간이 30분 정도 경과된 뒤라서 다시 좌선을 시작했습니다. 부드러운 호흡이 보입니다. 몸이 힘들어 합니다. 좌선이 저절로 멈추어졌습니다. 10분이 경과된 시간이었습니다.

● 몸의 정화 ③

2008년 12월 19일.

생각이 일어나고 사라지고, 작고 부드러운 호흡이 보이고, 허리가 세워지고 생각이 일어나지 않습니다. 얇은 부름과 꺼짐이 보이고 허리가 바로 세워지기를 반복합니다. 허리가 세워지는 순간 몸이 훤해지는 느낌과 몸의 형체가 확실하지 않다는 느낌입니다. 허리에 줄 같은 것이 있고, 배에는 작은 조각이 있다는 느낌이 들었고, 호흡이 보이지 않습니다. 작은 호흡이 조각 옆에서 움직이는 것이 보입니다.

● 육체와 세상의 경계가 무너지다

2008년 12월 19일.

작고 부드러운 호흡이 보이고 머리가 흔들리며 허리가 세워집니다. 이것이 여러 차례 반복되더니 순간 허리가 꼿꼿하게 세워지며 다른 세상에 있다는 느낌입니다. 그래서 들리던 소리를 찾았습니다. 여전히 소리가 들립니다. 호흡을 찾으니 없습니다. 앉음 닿음을 알아차렸습니다. 미세한 호흡이 보입니다. 부름과 꺼짐을 알아차렸습니다. 다시 호흡이 사라져 앉음 닿음을 알아차렸습니다.

● 몸의 정화 ④

2008년 12월 19일.

허리가 바로 세워지는 순간 몸이 훤하다는 느낌이 느껴집니다. 그리고 냉병이 도저 어제부터 위통으로 고생하고 있습니다.

● 30년 지병이 치유되던 날

2008년 12월 24일.

며칠째 계속 배가 아팠습니다. 너무 아파 법당에 앉아서 좌선을 할 수가 없었습니다. 그래서 법당 비구께 허락을 받고 방으로 돌아오면서 '아프다고 한국에 돌아간다고 해도 별 도리가 없다.'는 생각을 하니 '그만 아프고 싶다'는 마음마저 포기가 되었습니다.

몸은 얼어 있다는 느낌이 들었고, 허리를 펼 수 없을 정도로 배가 아팠습니다. 옷도 2개를 입고, 양말도 2개를 신고, 이불도 2개를 덮었습니다. 와선을 하였습니다. 배의 부름과 꺼짐을 해도 배가 아파서 안 되었습니다. 그러나 달리 할 일이 없으니 계속해서 배의 부름과 꺼짐을 알아차렸습니다. 잠시 후 부드럽게 배의 부름과 꺼짐이 되었습니다. 시간이 지나자, 어둠과 밝음의 조화로운 상태로 빨려 들어갔습니다. 그러면서 강력한 알아차림이 저절로 되었습니다. 생각은 일어나자마자 사라져 가고, 계속 강력한 배의 부름과 꺼짐이 저절로 알아차려졌습니다. 몸이 저절로 움직였습니다. 기계가 저절로 작동되듯이 몸이 계속 저절로 움직였습니다. 몸을 계속 지켜보았습니다. 시간이 지나면서 피가 도는 것이 느껴지고, 몸이 따뜻해지기 시작했습니다. 그리고 시간이 더 지나 몸이 따뜻해지자 위의 심한 통증이 사라졌습니다. 다음 날 통증은 반으로 줄어들고, 또 그 다음 날 반으로 줄어들면서 통증은 사라졌습니다. 여기에 제 자신의 의지는 없었습니다. 육체에 대한 집착도, 그만 아프고 싶다는 마음도 없이, 배의 부름과 꺼짐을 계속해서 알아차리자 지구가 저절로 돌듯이, 우주가 저절로 작동하듯이 육체도 저절로 작동하였습니다. 위장의 통증으로 인해 일주일씩이나 고생하던 것이 이렇게 치유가 되었습니다. 이 이야기를 인터뷰 도중에 사야도께 말씀드렸더니,

"한국의 인삼보다 붓다의 법이 더 좋은 약이지요."

라고 말씀하시더군요. 위장은 10대 말부터 병들기 시작했습니다. 음식을 먹으면 늘 위가 불편했습니다. 화가 나면 위는 멈춘듯 소화가 안 되었고, 통증이 왔습니다. 살아오면서 위는 점점 무력해져 갔습니다. 수박을 먹어도 아프고, 그 흔한 과자는 물론 라면이나 피자를 먹어도 아팠습니다. 위 내시경을 하면서 양약도 먹고 한약도 먹어 보았지만, 도대체 좋아지질 않았습니다. 그리고 팔에 힘이 없었습니다. 마트에서 작은 물건이라도 사 들고 다니면 누워 있어야만 할 정도로 기진맥진했습니다. 화를 내거나 스트레스를 좀 받았다 싶으면 며칠이고 책 한 권을 들을 수 없을 정도로 기운이 없었습니다. 목소리도 나오지 않았습니다. 스스로를 포기할 수밖에 없었습니다.

수행 중에 이런 기적을 경험하고서 위경련이라는 고통으로부터 벗어난 것만으로도 너무나 고맙고, 감사했습니다. 그런데 이후 한국에 돌아와서 실로 놀라운 변화가 있었습니다. 30년 넘게 평생 고생해 왔던 위장병이 치유가 된 것입니다. 이뿐만 아니라 조금만 무거운 것을 들면 기진맥진하던 것도, 스트레스를 받으면 기운을 차릴 수가 없던 것도 사라졌습니다. 마음에 맺힌 화병으로 인해 아팠던 3가지 병이 동시에 사라졌습니다. 한의학이나 현대의학으로도 치유할 수 없었던 병이 사라진 것입니다. 위빠사나의 알아차림이 고통으로부터 벗어나게 해주었습니다. 그야 말로 새로 태어났습니다. 고타마 싯다르타 붓다! 고맙습니다.

⚙ 〈위빠사나 – 이렇게 수행했다〉

너무 아파 법당에서 방으로 돌아오면서 '아프다고 한국에 돌아 간다고 해도 별 도리가 없다.'는 생각을 하자 그만 아프고 싶다 는 마음마저 포기가 되었습니다. 이렇게 고통을 받아들이고 알 아차림을 계속하자 기적이 일어났습니다. 기적은 원하는 것의 놓아버림, 있는 그대로의 받아들임, 수용에 있었습니다. 또한 몸 이 아프거나 마음이 아프다는 것은 쉬어야 한다는 뜻이 아니라 알아차림에 좀 더 집중해야 한다는 뜻이었습니다. 만약 아픔으 로 인해 병원엘 가야 한다거나 다른 조치가 필요한 경우가 아니 라면 알아차림은 놓지 않는 것이 좋습니다.

마음은 잠시도 쉬지 않고 다른 무엇인가를 원합니다. 그래서 있는 그대로를 받아들이는 것이 쉽지 않습니다. 그러나 성인의 도와 과의 성취가 목표라면 원하는 것을 포기하고, 고통조차도 있는 그대로 수용하며 알아차림을 멈추지 않는 것이 좋습니다. 있는 그대로를 수용受容하는 것은 깨달음의 열쇠입니다.

> 깨달음의 열쇠 열 번째: 있는 그대로를 수용하기

● 몸의 정화 ⑤

2008년 12월 31일.

작고 율동감이 있는 호흡이 느려지면서 율동감이 줄어들었습니다. 호흡이 미세해지고 등의 따뜻함이 더움으로, 그리고 시간이 지나자 이 더움은 사라지고 발이 얼얼하고 싸함으로 느껴집니다. 다리가 없는 느낌입니다. 허리가 바로 세워지고 팔이 묵직함으로 느껴지고 호흡은 한 줄기 힘으로 느껴집니다. 계속 미세한 움직임이 보입니다. 몸이 한 꺼풀 베껴졌다는 느낌입니다.

《위빠사나 - 이렇게 수행했다》

수행이 진보하면서 한편으로는 생각이 너무 많아 어떻게든 알아차림에 좀 더 집중하기 위해서 방법을 찾다가 시작한 것이 손가락 구부리기입니다. 숫자는 세지 않고 생각이 일어날 때마다 손가락을 하나씩 구부리는 방법으로, 생각을 많이 하고 있다는 것을 알아차리는 방식입니다. 개인적으로는 도움을 많이 받은 방법입니다. 주의할 점은 손가락을 구부릴 때, '이 손가락을 구부릴 차례인가? 아까 구부렸나?' 하는 고민은 절대로 하지 않는 것입니다. 만약에 고민을 한다면 마음에게 생각할 거리를 더 제공하는 것이 되기 때문에, 도리어 알아차림에 방해가 될 수 있습니다. 손가락은 어느 것을 구부렸건 관계없이, 생각하는 것을 알아차릴 때마다 손가락을 구부렸습니다.

수행은 마음과의 싸움입니다. 그래서 수행의 깊이가 깊어질수록 마음은 다양한 생각들을 끝없이 만들어 내며 망상 속으로 빠져들게 합니다. 특히나 아팠던 고통의 기억들이 올라올 때는 알아차림에 집중할 수 없을 정도로 마음이 격정 속으로 빠져들곤 합니다.

이런 생각들의 내용에 휩쓸리는 순간 저절로의 알아차림은 없습니다. 때문에 마음이 만들어 내는 망상들을 알아차릴 수 있는 나름대로의 방법들을 가지고 있는 것이 좋습니다.

> 깨달음의 열쇠 열한 번째: **손가락 구부리기**

● **이 육체가 세상이고, 이 세상이 육체다**

2009년 1월 5일.

빠르고 강한 호흡이 조금 느려졌다 빨라졌다, 작아졌다 커졌다를 반복합니다. 허리는 부드러우면서도 단단하고 따뜻합니다. 머리는 단단함과 압박감이 있고, 얼굴은 뻣뻣하고 단단합니다. 목은 단단하고, 어깨와 팔은 포근하고 부드럽습니다. 다리는 강하고 단단합니다. 몸의 자세가 바르고, 뭔가 하얀 것이 내리며 변화가 옵니다. 몸과 세상의 분리가 없음이 느껴집니다. 호흡이 작고 미세합니다.

사야도: 어떠한 상황이 되어도 주시하십시오. 기대하지 말고 예측하지 말고, 주시만 하십시오. 미세한 것들을 알아차리십시오. 생각들이 일어나고 사라지는 것들을 섬세하게 알아차리십시오.

❀몸의 정화가 이루어지면서 몸과 세상과의 경계가 사라지며, 지금까지 느껴지던 세상이 아니라 너와 나라는 분리감이 없는 그런 세상으로 느껴졌습니다. 그래서 이 육체가 세상이고, 이 세상이 육체로 느껴졌습니다. 늘 경쟁적으로 보이던 사람들이 그저 친근하게 느껴졌습니다. 다시 태어났습니다. 고맙습니다!
몸의 정화란 '내 것'이라는 육체로부터의 자유이며, 너와 나라는 경계가 없음의 상태, 그래서 너와 나라는 분리감으로부터의 자유입니다. 마음의 정화가 감정적인 마음의 고통으로부터의 자유라면, 몸의 정화는 이원성으로부터의 자유입니다.

● 뇌파는 계속 떨어지고

2009년 1월 19일.

묵직하고 강한 호흡이 꽃잎 같은 얇은 호흡으로, 다시 작고 부드러운 호흡으로 변화했습니다. 자리가 편안하고 등은 포근하므로 허리는 든든하므로 느껴집니다. 이마는 단단하고, 귀는 당김으로 가슴은 부드러움으로 느껴집니다. 작고 느린 호흡을 관찰하다가 잠깐 깜박했다는 느낌이 왔습니다. 몸이 시원하면서 어둠이 내리고, 호흡이 미세해졌습니다. 하얀 것이 내리고, 어둠이 내리고, 또 어둠이 내리고, 호흡은 배꼽을 중심으로 바람결처럼 움직이더니 배꼽에서 꽃봉오리가 오므라졌다 펴졌다 하듯이 다시 하늘을 향해 펴졌다 오므라졌다 하고, 그리고 반 접은 상태로 접었다 폈다 하며 다양한 변화가 계속되었습니다. 그 다음 좌선에서는 선잠 상태에서 명료하게 알아차렸습니다.

《위빠사나 – 이렇게 수행했다》

미얀마 수행에서 법문은 수행처에 따라 매일 듣게 하는 곳이 있는가 하면, 일주일에 한 번만 듣게 하는 곳이 있었습니다. 그리고 집중 수행을 시작하는 초에만 듣게 하는 곳도 있었습니다. 이곳 A명상센터에서는 매일 법문을 들어야 합니다. 처음 집중 수행을 하면서 들은 법문은 대단히 감동적이었습니다. 한국에서 듣던 법문과는 달리, 오로지 알아차림의 필요성과 어떻게 알아차림을 해야 하는지에 대한 방법론적인 법문은 수행에 직접적으로 도움이 되었기에 감동적일 수밖에 없었습니다. 그런데 이즈음부터 법문이 알아차림에 방해가 되는 것으로 느껴졌습니다. 그래서 비구께 양해의 말씀을 드리고 법문을 듣지 않았습니다.

공부를 어느 정도 했다면, 혹은 수행력이 어느 정도 된다면, 집중 수행 중에는 가능한 한 법문보다는 알아차림에 몰입하는 것이 좋습니다. 이것이 중요한 이유는 알아차린 만큼 수행이 진보하기 때문입니다.

그리고 이후 한국에서 집중 수행을 하던 도중에, 한 수행센터에서 단체로 집중 수행을 하러 많은 사람들이 왔습니다. 법당 때문에 어쩔 수 없이 그들의 시간표대로 하루에 아침저녁으로 매일 두 번씩 법문을 열흘 정도 들었습니다. 그랬더니 뜻도 모를 게송이 입에서 저절로 흘러나왔습니다. 집중 수행 중에는 몸과 마음이 저절로 알아차려져야 되는데, 도리어 알아차림이 자꾸 멈추었습니다. 그리고 노래하듯이 저절로 게송이 흘러나왔습니다. 어이가 없었습니다. 그래서 가능한 한 집중 수행 중에 법문은 듣지 않는 것이 유리하다는 것을 절실히 깨닫게 되었습니다.

듣는 순간에는 깨달음의 열쇠인 저절로는 없습니다. 또한 이론적인 공부에 집중하는 순간에도 저절로는 없습니다. 깨달음의 성취가 목표라면 오로지 알아차림에 몰입하는 것이 좋습니다.

개인적으로 아침에 눈을 뜨는 순간부터 잠드는 순간까지 몰입하여 가능한 한 늘 알아차림의 상태를 유지하려고 노력했습니다. 날짜는 정확히 기억나지 않지만, 어느 날 수행 지도를 해주시는 사야도께서 제게 말씀하시더군요.

"알아차림은 어느 정도 하고 있습니까?"

"일상에서의 알아차림까지 포함해서 70~80% 정도는 알아차리고 있습니다."

● 생각하는 자도 알아차리는 자도 없다

2009년 1월 22일.

생각이 일어나고 사라지고, 알아차림도 일어나고 사라졌습니다. 생각하는 자도 없고, 알아차리는 자도 없이 그냥 기계적으로 일어나고 사라짐을 보았습니다.

● 색즉시공色卽是空 공즉시색空卽是色

2009년 1월 23일.

올라갔다 각을 그리며 내려오는 부름이 보입니다. 꺼짐이 원반 모양으로, 나팔꽃 봉오리를 거꾸로 놓은 듯한 모양으로 보입니다. 밑 부분이 오므라지는 호흡이 보입니다. 자리가 편안하고 몸은 단단합니다. 꽃봉오리처럼 예쁜 곡선의 호흡이 갑자기 저 멀리 있다는 느낌입니다. 귀가 팽창해서 매우 커졌습니다. 몸이 온 공간을 채웠습니다. 호흡이 콩알처럼 작아지더니 바람처럼 사라졌습니다. 배가 허공처럼 느껴집니다.

❀색즉시공色卽是空 공즉시색空卽是色은 색이나 공에 대한 분별과 집착을 떠나, 그 실체를 꿰뚫어보라는 의미입니다. 공은 깨달음의 영역입니다.

216

● 수행이 지루하다

2009년 1월 25일.

명상하기 싫은 마음이 자꾸 보입니다. 지루해 하는 마음을 알아
차리면 괜찮아지고, 다시 지루해지고, 며칠째 그러고 있습니다.

❀이때 사야도께서 말씀하셨습니다. "다른 사람들은 금방 벗어
나는데, 왜 이리 오랫동안 그러고 있습니까?" 그런데 저는 이
말씀을 듣고 도리어 기뻤습니다. 왜냐하면 그렇게도 '하고 싶
어 하던 수행'을 하러 와서는 '하기 싫어' 하는 것이, 마음이 변
덕을 부리는 것 같아서 혼란스러웠기 때문입니다. 이것은 수
행의 진보가 16단계를 거치면서 이루어지는 과정 중에 10단
계의 깊이 숙고하는 지혜에서 나타나는 자연스러운 과정입니
다. 다시 말해 본인은 수행에 싫증을 느끼고 명상하기를 싫어
하는데, 사실은 수행을 잘하고 있다는 뜻입니다.

이외에도 수행이 진보하면서 나타나는 현상으로, 6단계인 두
려움의 지혜에서는 두려움뿐만 아니라 슬픔까지도 느낄 수 있
습니다. 7단계인 위험의 지혜에서는 불행을 느낄 수 있는데,
개인적인 경험으로는, 일주일간의 예비 수행 후에 이유 없이
불행했던 이유이기도 합니다. 그리고 첫 번째 방문 수행 때, 식
사를 하면서 욕망을 먹고 있음을 보고 몸이 싫었습니다. 이것
은 8단계인 혐오감의 지혜에서 경험하는 것입니다. 수행하는

과정에서 퇴보는 없습니다. '수행이 안 된다는 것'은 수행을 잘 하고 있다는 뜻이기도 하며, 머지않아 수행의 진보를 목격하 게 될 것이라는 뜻입니다.

수행을 하면, 걱정을 하고 두려워하다가도 평안해지고, 불행 을 느끼며 힘들어하다가 행복해지는 등 기적과 같은 재미있는 현상들이 여러 가지로 나타납니다. 어쨌든 소득이 큽니다.

❈ 수행의 16단계

1단계: 정신과 물질을 식별하는 지혜

2단계: 원인(조건)을 식별하는 지혜

3단계: 이해의 지혜

4단계: 일어나고 사라지는 지혜

5단계: 사라짐의 지혜

6단계: 두려움의 지혜

7단계: 위험(불행)의 지혜

8단계: 혐오감의 지혜

9단계: 해탈에 대해 갈망하는 지혜

10단계: 깊이 숙고하는 지혜

11단계: 현상에 대한 평정의 지혜

12단계: 적응의 지혜

13단계: 성숙의 지혜

14단계: 수다원의 도의 지혜

15단계: 과의 지혜

16단계: 회광반조의 지혜

❀수행이 어려운 또 다른 이유

우리는 몸이 가벼우면서도 좋았다가 아픈 것 같고, 기분이 좋았다가도 우울하고, 집중력이 매우 좋으면서 이성적인 것 같다가도 아닌 것 같은 다양한 변화들을 경험하게 됩니다. 이것이 바로 몸의 컨디션이나 감정, 지성의 흐름이라고 하는 몸이 작동하는 방식 중에 하나인 바이오리듬입니다. 이 주기는 신체 리듬은 23일 주기, 감성 리듬은 28일 주기, 지성 리듬은 33일 주기입니다. 이 리듬에 의해서 노력을 해도 잘 안 될 때가 있습니다. 그렇다고 해서 낙담할 필요는 없습니다. 반대로 저절로 잘될 때도 있으니, 포기하지 않는 것이 중요합니다.

●본래 마음은 좋아함도 싫어함도 없다

2009년 2월 3일.

길어졌다 짧아졌다 하는 호흡이 팽창되다가 작아졌습니다. 몸은 단단하고, 머리와 목도 단단합니다. 좋아하는 생각이 일어나고 사라지고, 싫어하는 생각이 일어나고 사라지고, 슬픈 생각도 일어나고 사라지고, 알아차림도 일어나고 사라집니다. 본래 마음은 좋아함도 싫어함도 없음을 알았습니다.

※우리들은 싫어하는 마음으로, 슬퍼하는 마음으로, 집착하는
마음으로 늘 고통스러워하고 있습니다. 마음은 자신이 삶의
주인이며 주관자라고 주장을 하며, 울고 웃습니다. 그런데 본
래 모습은 좋아함도 싫어함도 없었습니다. 좋아하는 마음도
일어났다가 사라져 가고, 싫어하는 마음도 일어났다가 사라져
갑니다. 마음을 지켜보면, 생각은 아무 의미 없이 저절로 일어
났다가는 저절로 사라져 갑니다.

● 한恨의 치유가 계속되다
2009년 2월 5일.
좌선: 배의 팽창으로 명확하지 않던 호흡이 아주 느려졌습니다.
그리고 시간이 지나자 길어졌다 짧아졌다를 반복하더니 아주
느려졌습니다. 뭔가를 토해 낸다는 느낌입니다. 배를 끌어안
는 듯한 몸의 움직임이 보이고 빛이 보였습니다.

필자: 오래 전의 일들로 눈물이 났습니다. 30년도 더 된 아픔의
기억들이 마치 어제의 일처럼 생생하게 느껴져 억울하고 억울
해서 알아차림에 집중하기가 힘이 들었습니다.

֍마음은 평안하고 행복했습니다. 그런데 때로는 갑자기 가슴 심층부에 있는 한恨의 고통으로 인해 마음은 알아차림에 집중할 수 없을 정도로 날뛰었습니다. 가슴 표면 가까이에 쌓여 있던 아픔들은 쉽게 정화되면서 치유되었습니다. 그러나 '한'이라고도 하는 심층부에 있는 장기 기억 속에 잠재되어 있던 아픔은 쉽게 사라지지 않았습니다. 그런데 뭔가를 토해 내며 한의 고통까지도 정화(치유)가 계속되고 있습니다.

● 마음과 '아는 마음'

2009년 2월 5일.

좌선: 작은 호흡이 보입니다. 생각이 일어나고 사라지고, 알아차림이 일어나고 사라집니다. 얼굴과 머리는 단단하고, 팔은 뻣뻣하고, 다리는 묵직합니다. 한 생각이 일어나고 사라지고, 알아차림이 일어나고 사라집니다. 이것을 '아는 마음'도 일어나고 사라집니다. 본래 마음은 좋아하는 것도 싫어하는 것도 없다는 생각이 일어나고 사라집니다. 생각이 일어나려 하면 자세를 바로잡으며, 배의 부름과 꺼짐을 알아차리는 '아는 마음'이 보입니다.

֍몸과 마음이 정화가 되면서 두 개의 마음이 작동되기 시작했습니다. 이것은 마음과 '아는 마음'입니다. '아는 마음'이란 마

음에게 휘둘리지 않고 고통스러워하는 마음을 고통 없이 평안하게 지켜보는 알아차림의 저력입니다. 알아차림의 저력인 이 '아는 마음'이 확고할수록 분노나 두려움, 걱정, 슬픔과 같은 고통의 감정들에게 휘둘리지 않을 수 있습니다. 삶이 평안합니다.

● 고통에 대한 바른 이해

2009년 2월 11일.

높고 커다란 호흡이 작고 낮은 것으로 변화하더니 길어졌다 빨라졌다를 반복합니다. 잠시 후 작고 느린 호흡이 보입니다. 얼굴은 단단함과 땅김이 느껴지고 목은 단단함으로 느껴지고, 생각은 줄어들고 생각이 일어날까 불안해하는 마음이 보입니다. 알아차림이 평안하고 더워짐이 느껴집니다. 더워짐을 알아차려도 그대로입니다. 더워짐이 싫지 않음이 느껴집니다. 더워짐은 고통이 아니라 그저 현상이라는 통찰이 옵니다. 팔의 묵직함과 뻐근한 불편이 느껴집니다. 알아차려도 사라지지 않습니다. 이것은 고통이나 불편이 아니라 그저 현상이라는 통찰이 다가옵니다.

❀고통이란 마음이 원치 않는 상황을 고통으로 인식하기 때문입니다. 몸이 아픈 것을 마음이 고통으로 인식하면 고통이지만, 존재의 방식으로 이해하면 고통이 아닌 현상입니다. 햇볕이

뜨거워서 덥다고 생각하면 고통이지만, 농작물이 잘 자라겠다고 생각하면 뜨거움은 고통이 아닌 현상입니다. 비가 많이 와서 질척거리는 것이 싫다고 느끼면 고통이지만, 농작물들이 잘 자라겠다고 생각하면 비는 감사함입니다. 배가 고프다는 것은 몸이 에너지를 필요로 한다는 신호로 받아들이면 현상이지만, 못 먹어서 배가 고프다고 생각하면 고통입니다. 주머니에 돈이 부족하다고 생각하면 고통이지만, 이것이라도 있어서 다행이라고 생각하면 적은 것은 감사함입니다.

이렇듯 고통이라 생각되었던 것들의 인식이 바뀌면서 고통은, 고통 아닌 현상으로, 이해로 다가왔습니다. 바라보는 관점이 달라지고 인식이 바뀌니 세상이 다르게 보입니다. 삶은 인식하는 자가 대상을 어떻게 인식하느냐에 따라 전혀 다르게 경험되는 것이었습니다. 고맙습니다!

● 아는 마음도 일어나고 사라지고

2009년 2월 20일.

부름이 강조되는 호흡이 보입니다. 부름 끝에 쉼이 길어지고, 꺼짐이 길어졌다 짧아졌다 합니다. 부드러운 호흡이 보입니다. 생각이 일어나고 사라지고, 알아차림이 일어나고 사라집니다. 아는 마음도 일어나고 사라집니다. 생각이 일어나지 않습니다. 호흡을 알아차렸습니다.

❀이렇게 두 번째 미얀마 방문 수행을 마치고 한국으로 돌아왔습니다. 평소 사람들이 큰소리치며 화를 내는 것을 보면 마음에서 두려움이 일어났습니다. 그런데 그런 두려움이 느껴지지 않았습니다. 일상생활에서 느끼는 불편한 상황들에서 나오는 부정적인 감정에 휘둘리지 않는 초연함이 발휘되기 시작했습니다. 마음의 고통으로부터 좀 더 자유로워지는 것을 경험하면서 평안하고, 행복했습니다. 사람들이 아름답고 사랑스러워 보이고, 세상이 아름답고 평화롭게 보입니다. 그리고 '아는 마음'이 마음을 지켜보면서 삶은 심각하지 않은, 그래서 코미디로 느껴지기 시작했습니다. 생각이 저절로 일어나고 사라져가는 것을 지켜보면서, 삶은 이제까지와는 다르게 경험되기 시작했습니다. 살아 있음이 고맙습니다!

16장

세 번째 명상 일기 (위빠사나 - 이렇게 수행했다)

수행에 자신이 있었습니다. 길은 그리 멀지 않을 것이라 생각했습니다. 그리고 2011년 11월 미얀마에서의 세 번째 집중 수행을 준비했습니다. 그런데 고민이 생겼습니다. 계속 다니던 명상센터에서 2개월만 통역이 된다고 합니다. 그러나 저는 5개월 정도 머무르면서 명상을 하고 싶었습니다. 수행을 하다가 수행처를 옮기는 것은 바람직하지 않기 때문에, 처음부터 5개월 동안 머무를 수 있는 곳으로 가는 것이 좋겠다고 생각했습니다. 그리고 그동안 엄격하기로 유명한 곳에서 수행을 해오면서 조금은 편안하게 수행을 하고 싶은 마음과 다른 수행처에도 가고 싶다는 마음도 있었습니다. 결국 A명상센터가 아닌 C명상센터에서 2011년 11월의 집중 수행을 시작하였습니다.

C명상센터에서의 한 달 반

2011년 11월 8일, 양곤에서 밤에 버스를 타고 밤이 새도록, 그러니까 7시간인지 8시간을 달려가 이른 아침에 미얀마의 어느 지방 도시에 있는 C명상센터에 도착을 하였습니다. 도착하면서부터 잠을 계속 설쳤습니다. 처음에야 짧은 수면시간으로 인하여 그러려니 했지만, 2주가 지나가도 3주가 지나가도 적응하지 못하고 계속해서 잠을 설쳤습니다. 이유는, 미얀마의 더운 날씨에 몸이 적응하지 못한 상태에서 갑자기 찾아온 갱년기로 인해 열이 나는 증상까지 더해져서, 몹시도 힘이 들었던 것입니다. 심지어 자다가 하루에 서너 차례씩 깨어났습니다. 잠을 못 자서도 고통스러웠지만, 이로 인해 좌선 시간에 계속 조는 것도 문제였습니다. 그래서 어쩔 수 없이 행선을 많이 하게 되었습니다.

<위빠사나 - 이렇게 수행했다>

이렇듯 알아차림을 하다 보면 이런저런 이유로 알아차림에 집중이 안 될 때가 있습니다. 그래서 발을 들고 가고 내려놓을 때마다 마음에서 일어나는 생각을 발밑에 놓고서, 밟는다는 느낌으로 걸었습니다. 발을 바닥에 내려놓을 때는 만사를 제쳐 두고 오직 발밑만을 보겠다는 강한 의지로 걷다가 생각이 현저히 줄어들면, 이후부터는 모든 의지를 내려놓고 자연스럽게 있는 그대로를 알아차리면서 걸었습니다. 이렇게 하니까 잡념은 사라지

고, 동시에 강한 집중력이 개발되었습니다.

이렇게 행선에 집중하자 집중력이 상당히 좋아지면서 다른 생활 명상에서도 많은 부분이 저절로 되어 갔습니다. 그런데 그나마 되던 좌선에서 알아차림을 계속해서 놓쳤습니다. 아무리 노력해도 안 되었습니다. 더구나 명상센터에서 주는 기름진 미얀마 음식은 먹을 수 없어서, 충분한 영양 섭취가 되지 않자 몸은 삐쩍 마르고 체력적으로도 지탱하기가 힘들었습니다. 참고로 저는 삼겹살이나 짜장면뿐 아니라 튀김도 잘 먹지를 못합니다. 때문에 다른 수행처로 옮길 수밖에 없었습니다. 도움을 주신 스님께 떠나야겠다고 말씀을 드렸더니, 가더라도 다른 선생님께 인터뷰를 해보라고 하셨습니다. 그분과 함께 가서 인터뷰를 했습니다.

필자: 저는 위빠사나를 하러 이곳에 왔습니다. 위빠사나를 하고 싶습니다.

선생님: 이곳에서는 먼저 사마타를 해야만 합니다.

필자: 저는 무아를 보았습니다.

선생님: 그래도 여기서는 사마타를 먼저 해야 합니다.

선생님과 인터뷰를 하고서 돌아오는 길은 행복했습니다. 선생님은 자상하고 친절하면서도 기품이 있으셨습니다. 이 선생님과 함께라면 이곳에 계속 있고 싶다는 생각마저 일어났습니다. 많은 사람들이 이곳에 와서 도움을 받고 있습니다. 그러나 '저에게는 사마타보다는 위빠사나 수행이 먼저다.'라고 생각했습니다. 물론 위빠사나 수행을 하기 위해서 사마타를 먼저 수행할 필요가 있는 사람이 있습니다. 그러나 모든 사람이 꼭 사마타를 먼저 수행할 필요가 있는 것은 아니라고 생각합니다. (지금은, 기회가 된다면 한번쯤은 해 보고 싶다는 생각이 듭니다.)

어쨌든, '수행에 몰두해야 하는데 음식을 배달해 먹으면서는 어렵겠다'는 생각으로 떠나겠다는 결심을 굳혔습니다. 어쩌면 수행처를 옮기면 수행에 도움이 안 된다는 생각 때문에 빠른 결정을 하지 못하고 있었는지도 모르겠습니다. 힘들게 와서 고생만 하다가 결국 12월 24일에 D명상센터로 옮겨갔습니다.

위빠사나와 사마타

여기서 사마타와 위빠사나의 차이를 분명히 아는 것이 좋을 것 같습니다.

사마타는 어느 한 대상에만 집중하는 명상입니다. 이에 반해 위빠사나는 몸과 마음에서 일어나고 사라지는 움직임·감각·생각·느낌·감정 등의 현상들을 좋아하고 싫어함 없이, 있는 그대로를 지켜보며 알아차리는 명상입니다. 사마타는 강한 집중력이 필요하고, 위빠사나는 섬세한 알아차림이 필요합니다. 사마타는 의지를 가지고 한 대상을 끝까지 붙잡는 것이고, 위빠사나는 탄력적으로 있는 그대로의 지금 이 순간의 몸과 마음을 지켜보며 알아차리는 명상입니다. 사마타 수행을 통해 얻은 집중력은 위빠사나 수행에 도움이 됩니다. 그리고 사마타 수행을 통해 선정에 들어가 고요함을 경험할 수 있고, 신통력을 얻을 수 있습니다. 그러나 고통으로부터 벗어나 깨달음을 성취할 수는 없습니다. 오직 위빠사나의 알아차림을 통해 실재를 봄으로써 무상, 고, 무아를 체득하는 과정을 통해, 고통으로부터 벗어나 지혜와 깨달음을 성취함으로써 최상의 행복과 평화로움을 경험할 수 있습니다.

✤이곳 명상센터의 특징 중 하나는, 보시가 다른 센터에 비해 많이 들어온다는 점이었습니다. 내용물은 노트, 필기구, 빵 등 여러 가지입니다. 한국에서는 보시라는 것이 일반화되어 있지 않아서 그런지 매우 인상적이었습니다. 보시자가 수행자에게 보시물을 줄 때는 무릎을 꿇고서 두 손을 머리 위로 하여 공손히 바치는 자세로 보시를 합니다. '자기 것을 주면서도 힘들게 무릎을 꿇을 때는 어떤 마음일까?'를 생각하니 감동이 왔습니다. 허투루 수행을 해서는 안 될 것 같습니다.

● 수행처를 전전하다

2011년 12월 25일.

좌선: 퍼지는 듯한 부름이 서서히 줄어듭니다. 생각이 일어나고 사라지고, 호흡이 강해지고, 생각이 일어나고 사라지고, 호흡이 길어지더니 부드럽고 작은 호흡으로 변합니다. 양쪽 발에서 바람과 벌레가 움직이는 것 같은 미세한 움직임들이 있습니다. 등에 부드러운 털옷을 댄 듯한 느낌이 점점 넓어집니다. 생각이 일어나고 사라지고, 알아차림을 하지 않고 있음을 알아차렸습니다.

와선: 육체를 재우겠다는 의도가 일어났습니다. 몸이 착 가라앉는 느낌입니다. 코 고는 소리가 들립니다. 주변의 소리도 들립니다. 입을 반쯤 벌린 채로 잠들어 있습니다. 일어나겠다는 의도로 일어났습니다.

❀이것은 새로 옮겨 온 D명상센터에서 했던 단 한 번의 인터뷰입니다. 수행을 보고하고는, 옆방의 소음 때문에 밤에 잠을 잘 수 없어 떠나야겠다고 말씀드렸습니다. 선생님께서는 원하는 대로 방도 바꾸어 주고, 지방에 있는 분원으로도 보내 주겠다고 하시며 가지 말라고 하십니다. 그런데 이곳의 숙소는 방과 방이 연결되어 있어 옆방에서 움직이는 조그마한 소리도 다

들렸습니다. 그리고 다른 사람들을 배려해야만 하는 공동 화장실을 함께 사용하다 보면 아무래도 자신에게 집중하는 데는 소홀히 할 수밖에 없습니다. 그동안 편안히 잠을 잘 수 없었기 때문에 더 예민하게 느껴졌는지도 모르겠습니다. 이곳의 기름지지 않은 음식과 과일은 좋지만 이런 상황으로는 알아차림에 몰입하기 어렵다는 판단으로, 선생님의 호의를 받아들이지 못하고 다시 E명상센터로 옮겼습니다.

● 의도와는 관계없이 움직이는 몸

2011년 12월 28일.

물소리가 들립니다. 고개를 소리가 나는 쪽으로 돌립니다. 아무 문제가 없다는 생각이 일어나고 발은 다시 걷기 시작합니다. 뒷머리에서 열이 나는 것이 느껴집니다. 걸음을 멈추었습니다. 손에서 가슴에서 열이 납니다. 온몸에 식은땀이 납니다. 다시 발을 듦이 관찰됩니다. 머리의 가려움이 느껴지고 순간 손이 갑니다. 방에서 띠를 가져와야겠다는 의도가 일어납니다. 그러나 몸은 방을 그냥 지나갑니다.

● 에너지로 채워지는 몸

2011년 12월 29일.

강하고 작은 호흡이 보입니다. 팔에 바람처럼 미세한 움직임이 일어났다 사라집니다. 오른팔의 따뜻함이 시원해집니다. 발에 미세한 진동이 느껴집니다. 발의 세포 하나하나에 에너지가 채워집니다. 몸은 당당하고, 푸르고 밝은 영롱한 빛이 일어났다 사라집니다. 졸음이 옵니다.

● 삶에 대한 바른 이해

2011년 12월 30일.

머리에 강한 힘이 느껴집니다. 마음에서 '원래 그래.'라는 생각이 일어나고 사라집니다.

2011년 12월 31일.

'다 괜찮아.' 하는 생각이 일어납니다.

❀수행을 하기 전, 삶은 늘 고통으로 경험되었습니다. 그런데 마음은 '삶은 원래 그렇다.'며 스스로를 위로합니다. 이제 모든 것이 감사할 기회로 다가옵니다. 그래서 해가 나면 해가 있어 감사하고, 구름이 있으면 구름이 있어 감사하고, 비가 오면 비가 와서 감사합니다. 곁에 누군가 있으면 있어서 감사하고, 없으면 없는 대로 감사합니다. 살림살이가 풍족하면 풍족해서 감사하고, 부족하면 부족한 대로 감사합니다. 몸이 아파도 조금 덜 아픔에 감사하고, 살아 있음이 고맙습니다. 타인을 괴롭히

는 사람들이, 그가 그럴 수밖에 없었던 상황들이 이해로, 연민으로 다가옵니다. 모르는 사람들이 경쟁이나 경계의 대상이 아니라 친근한 이웃으로 다가옵니다. 뭔가 일을 할 기회가 다가오면 귀찮음이 아니라 봉사할 기회로 생각됩니다. 뿐만 아니라 모든 사람에게서 나름대로의 장점이 찾아집니다. 저절로요.

● 생각에 대한 바른 이해

2012년 1월 10일.

호흡을 알아차리자 몸은 강하고 단단합니다. 호흡은 사라지고 '앉음, 닿음'을 알아차렸습니다. 자세가 바로잡아지고, 알아차림을 하고 있지 않습니다. 몸이 젖어 있음이 느껴집니다. 생각은 그저 일어나고 사라지는 현상이라는 통찰이 다가옵니다.

❀마음은 늘 생각합니다. 생각을 하지 않으려 해도 자동적으로 생각이 떠오르곤 합니다. 그런데 생각이란 본인의 의지와는 관계없이, 아무런 의미 없이 저절로 일어나고 사라지는 현상이었습니다. 이것은 마음이 존재하는 방식이었습니다.

마음은 보고 들은 내용물에 의해 때로는 즐거워하는 생각도 일어나고 사라지고, 싫어하는 생각도 일어나고 사라집니다. 이런 생각의 내용물에 의미를 부여하거나 집중하는 순간 마음에게 휘둘리기 시작합니다. 그래서 마음에서 일어나는 생각에 큰 의미를 부여하지 않는 것이 좋습니다. 마음의 내용물을 되새김질할수록 고통만 더할 뿐입니다. '마음은 원래 이래.'라고 알아차리면, 생각은 고통이 아니라 그저 일어나고 사라지는 현상입니다.

● 마음의 소멸

2012년 1월 17일.

와선 중에 꿈을 꾸고 있는 것을, 깨어 지켜보는 것을 알아차렸습니다. 좌선에서 알아차림의 공백이 있었다는 느낌이 있었고, 생활 명상에서는 손이 가는 대로 알아차렸습니다.

2012년 1월 18일.

강하고 무거운 호흡이 느껴집니다. 태양 같은 밝은 빛이 보입니다. 알아차리지 않고 있음을 알았습니다. 땀을 흘리고 있음이 느껴집니다.

※그동안 계속해서 좌선 중에 알아차림을 놓쳐서 고통스러웠습니다. 그런데 이곳 명상센터의 선원장님께서 그것은 알아차림을 놓친 것이 아니라 마음의 소멸을 경험한 것이라고 말씀하셨습니다. 이는 알아차림을 놓치며 수행이 안 되는 것으로 이해하고, C명상센터를 떠나야만 했던 이유 중 하나였기에 놀라

지 않을 수 없었습니다.

● 고통의 본질

2012년 1월 26일.

생활 명상: 보이는 집이 아름다워 보입니다. 그 집에 살고 싶다는 마음이 일어났습니다. 새가 우는 소리가 계속 들리니 짜증이 일어나고, 그 순간을 알아차리자 짜증은 사라졌습니다.

❀짜증은 알아차리는 순간 사라져 갔습니다. 마음이 평화로웠습니다. 고통은 마음이 대상에 좋아하고 싫어하는 감정을 입히기 때문이었습니다. 그저 지금 이 순간을 있는 그대로 알아차리는 것만으로도 평화롭습니다. 고타마 싯다르타 붓다! 고맙습니다.

● 육체에 대한 바른 이해

2012년 1월 31일.

행선: 머리를 묶은 여자가 지나가는데, 물체로 보입니다. 저절로 왼발, 오른발 하며 명칭이 붙여집니다. 발가락의 미세한 움직임을 알아차립니다. 모기 소리가 들리자 몸이 서서히 돌아감이 보입니다.

2012년 2월 1일.

행선을 하고 있는데, 불편해서 싫은 아가씨가 아무런 감정 없이 그냥 물체로 보입니다. 좋아하는 한 아가씨가 아무런 감정 없이 그냥 물체로 보입니다.

❀삶이 고통스러운 이유 중 하나는 마음이 하는 좋아하고 싫어하는 감정놀이 때문입니다. 그런데 수행을 통해 몸과 마음이 정화되자 마음이 하는 감정놀이에서 자유로워지며, 사람들이 좋아하고 싫어하는 감정을 입히지 않은 물체, 있는 그대로의 순수한 존재 자체로 보입니다. 이제 어느 쪽으로도 치우치지 않는 중도의 절대적인 진실의 도리가 보이기 시작합니다.

알아차림에 좀 더 몰입하고 싶었습니다. 해이해진 마음을 바로잡기 위해서 어쩔 수 없이 처음 집중 수행을 했던 A명상센터로 다시 갔습니다. 그러나 이런저런 이유로 한국으로 돌아올 수밖에 없었습니다. 세 번째 방문 수행은 여러 곳을 방문하면서 알아차림을 가장 소홀히 하였습니다. 그럼에도 감사함은, '수행을 어떻게 해야 하는지'에 대해서는 좀 더 확연히 배울 수 있었습니다.

17장

네 번째 명상 일기(위빠사나 - 이렇게 수행했다)

세 번째 방문을 끝내고 2월에 한국으로 돌아와 3월부터 회사에 다시 다니기 시작했습니다. 수행자로서의 삶에서 일상으로 돌아온 것입니다. 아침과 밤으로 좌선을 하고, 걸을 때는 행선을 하고, 책을 읽으며 그렇게 수행을 이어 갔습니다. 그리고 2013년 겨울에나 미얀마로 수행을 하러 가야겠다고 생각했습니다. 2012년 여름은 무척이나 더웠습니다. 그렇게 더운 여름날이 지나고 가을이 왔습니다. 10월 중순쯤 회사에서, 제가 소속한 팀에 문제가 발생했습니다. 부득이 다른 일을 맡아달라는 회사의 권유가 있었습니다. 그러나 제가 원하는 방식은 아니었습니다.

문제해결이 먼저라는 생각으로 일을 진행하면서 앞으로 어떻게 할 것인가를 고민하다, 시기적으로도 그렇고 기회라는 생각도 들어서 미얀마 행을 결정했습니다. 비자 신청을 하면서 과연 '갈 수 있을까?' 하는 의문이 들었습니다. 그런데 신기한 것은, 마음으로는 다음해에나 가야겠다고 결정을 하고 있었지만 상황이 수행을 하도록 밀어주는 것 같았습니다. 회사는 11월 초까지 다니기로 결정하고 항공권 예매를 하였습니다. 계속해서 마음에서는 '갈 수 있을까?' 하는 의문이 들었지만, 상황은 미얀마를 가는 것으로 진행되었습니다. 11월이 되면서 집에서는 김장이며 밑반찬이며, 그리고 수행에 필요한 것들을 준비하면서 바쁜 나날을 보냈습니다.

11월 18일 미얀마로 가기 위해 집을 나섰습니다. 이렇게 미얀마행 비행기를 탔습니다. 늦은 밤 양곤 공항에 도착하였습니다. 감사하게도 A명상센터에서 마중을 나와 주었습니다. 처음 집중 수행을 했던 A명상센터에 다시 온 것입니다. 이렇게 미얀마에서의 네 번째 집중 수행은 시작되었습니다.

● 다양한 발걸음

2012년 11월 22일.

행선: 걷겠다는 의도로 발을 들었습니다. 서서히 속도가 느려집니다. 잠시 후 X자형, 일자형, 옆으로 S자처럼 걷는 걸음 등 다양한 걸음으로 걷고 있습니다. 속도가 매우 느려지고 발이 들리면서 무게감이 일어났다 사라지고, '감, 정지, 감, 정지' 하면서 갑니다. 발을 내리면서 '내림, 정지, 내림, 정지' 하면서 내립니다. 끌어올리듯 발을 들고, 통증과 당김으로 가다가 발을 내립니다.

● 수행의 진보에 집착하는 마음

2012년 11월 24일.

좌선: 호흡을 알아차리자 바로 사라집니다. 손가락이 팽창되고 이마가 강하고 단단합니다. 빛이 여러 가지 모양으로 관찰됩니다. 빛이 계속 보이자 싫어하는 마음이 일어납니다. 빛이 사라집니다. 팔과 다리에 벌레가 움직이는 것 같은 미세한 움직임이 일어나고 사라짐이 느껴집니다. 이마의 힘이 강해졌다 약해졌다 합니다. 이마부터 엉덩이까지 하나의 단단한 덩어리로 느껴집니다.

〈위빠사나 - 이렇게 수행했다〉

수행이 진보하는 과정 중에 빛이 보이는 것은 흔한 현상입니다. 그런데 빛은 계속해서 지켜보면 바로 사라집니다. 이렇게 사라져 갈 빛이 보이는 것을 싫어하는 것은 마음이 수행의 진보에 욕심이 과해서였습니다. 수행을 하면 언제나 그렇지만 늘 수행의 진보에 집착합니다. 그래서 선생님께 '밥만 축내고 있는 것 같다'거나 '다시 가르쳐 달라'는 등 하소연을 하기도 했습니다. 물론 조급해 한다고 해서 수행의 진보가 이루어지는 것은 아닙니다. 중요한 건, 지금 이 순간에 생겨나는 대로, 조급해하는 마음, 좋아하는 마음을 있는 그대로 정확히 꿰뚫어 알아차리는 것입니다.

● 행선에서 마음의 소멸

2012년 11월 26일.

행선: 걷겠다는 의도를 내고, 발을 들었습니다. 느린 걸음이 더욱 느려졌습니다. 발을 들면서 밀어내는 느낌이 일어나고 사라지고, 무게감이 보이며 정지가 보였습니다. 가면서 발을 살짝 좌우로 움직이고, 멈추고, 좌우로 움직이고, 멈추면서 계속 갑니다. 발에 정지가 보이고, 내려감, 정지, 내려감, 정지, 내려감, 바닥에 닿음이 보였습니다. 몸을 돌리겠다는 의도가 일어나자 오른발이 왼쪽으로 돌려지면서 뻐근함이 보입니다. 왼발이 끌어올리듯 올려졌습니다. 순간 발이 바닥에 닿아 있음을 보면서 놀랐습니다. '딴 생각을 했나?' 하는 생각을 순간적으로 했습니다.

❀이때는 좀 놀랐습니다. 다른 생각은 하지 않았습니다. '그럼 졸았나?' 하는 생각도 해 보았습니다. 그러나 걸어가면서 졸았을 가능성은 없다는 판단을 하였습니다. 그래서 행선에서 마음의 소멸을 경험한 것으로 이해하고 있습니다.

미얀마의 한 수행센터 선원장님께 "마음의 소멸은 행선에서도 볼 수 있다."는 말씀을 처음 듣고는 믿어지지 않았습니다. '움직이면서 어떻게 마음이 소멸할 수 있나?' 궁금했습니다. 그런데 이렇게 직접 경험하면서 스스로도 놀랍고 신기하기만 합니다.

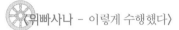

〈위빠사나 - 이렇게 수행했다〉

우리들은 걷게 되면, 발은 그저 마음의 목적지에 따라 이리저리 끌려가듯이 걸어가게 됩니다. 그러나 수행을 하면서는 이러한 마음을 거두고 발이 어떻게 움직이는지, 어디로 향하는지를 지켜보며 걸었습니다. 다시 말해 천방지축인 마음에 의해 끌려다니듯이 걷는 것이 아니라 발이 어떻게 움직이며 걷는지, 발걸음의 방향은 어디로 향하는지, 어떤 느낌이 느껴지는지를 지켜보며 있는 그대로 발걸음의 움직임을 알아차리며 걸었습니다. 마음으로 걷는 것이 아니라 발로 걸으면, 조금은 더 빠르게 무아를 경험할 수 있습니다.

● 계속되는 마음의 소멸

2012년 12월 4일.

좌선: 던지는 듯한 호흡이 계속 길어지다 짧아집니다. 팔에서, 그리고 발과 다리에서 미세한 벌레들의 움직임 같은 느낌과 생각이 일어났다 사라지고, 기억이 일어났다 사라집니다. 손에 힘이 나고 확장됨이 느껴집니다. 이마와 몸이 단단해집니다. 짧고 부드러운 호흡이 미세해집니다. 호흡이 사라졌습니다. 고개를 숙이고 있습니다. '졸지 않았는데' 하는 생각이 순간 일

어났습니다.

● 단전 속의 돌덩어리

2012년 12월 9일.

좌선: 들어 올려 주는 듯한 부름과 가져오는 듯한 꺼짐을 알아차렸습니다. 부름은 점점 길어지고, 배에는 작고 단단한 돌덩어리가 있습니다. 호흡이 작아지고 둥근 모양이 왔다 갔다 하는 느낌입니다. 배에서는 조약돌 같은 돌덩어리가 계속 느껴집니다. 의식이 저절로 눈으로 가고 눈을 뜰 수 없을 것 같은 느낌입니다. 눈동자가 저절로 왔다 갔다 움직입니다. 의식은 저절로 이마로 가고, 이마에 물결 같은 움직임, 강하고 단단한 느낌입니다. 의식은 다시 눈으로 가고 눈동자가 움직입니다. 의식이 저절로 이마로 가고 이마에서 빙빙 돌려지는 힘, 쪼이는 느낌, 확장시키는 느낌, 강하고 단단한 느낌 등 여러 가지 불규칙한 느낌이 계속됩니다. 빛이 보이다 사라졌습니다.

〈위빠사나 - 이렇게 수행했다〉

처음에는 이마를 알아차려야 한다고만 생각했습니다. 이마가 강하게 느껴지기도 했지만, 의식이 저절로 이마로 가기 때문입니다. 그리고 그동안 강한 것을 알아차려야 한다고 배웠기 때문이기도 합니다. 이로 인해 한동안 고생을 좀 했습니다. 그러다 다시 선생님의 가르침에 따라 강한 이마보다는 배의 부름과 꺼짐을 섬세하고도 정확하게 알아차렸습니다. 다시 말해 지금까지와는 다르게, 좌선에서 배의 부름과 꺼짐을 알아차리다가 다른 움직임이나 변화가 있다면 그것을 알아차리되, 알아차리는 대상이 강한 것이라도 계속 지속된다면 좌선에서 기본인 배의 부름과 꺼짐을 알아차렸습니다.

주변에 강한 것이 있는 가운데, 미약한 것을 알아차리는 것은 상당한 집중력을 필요로 합니다. 집중하지 않으면 자동적으로 빨려 들어가듯이 자꾸 강한 것이 알아차려지기 때문입니다. 그러나 이런 상황에서도 알아차림을 잘할 수 있다면, 주변이 아무리 시끄럽다 해도 오롯이 배의 부름과 꺼짐만을 알아차릴 수 있는 강한 집중력이 키워집니다.

● 마음이 알아차림을 하다

2012년 12월 11일.

행선: 좀 빠른 걸음이 안정되는 느낌이 들면서 느려집니다. 발을 들 때 바닥을 살짝 옆으로 쓸면서 드는 걸음, 팔자로 들어 올려 일자로 걷는 걸음 등 계속 변화합니다. 매우 느린 걸음이 새끼발가락으로 들어 올려지면서 힘이 모아졌다 사라집니다. 발뒤꿈치에서 따뜻함이 일어났다 사라지고, 매우 느리게 가더니 발가락을 빙글빙글 돌리면서 내려갑니다. 몸을 돌려야겠다는

의도가 일어나자 한 발은 중심으로 그 자리에 있고, 다른 한 발은 크게 움직이며 돕니다. 마음이 저절로 왼발 오른발을 알아차리고, 보면 봄을 알아차리고, 들리면 들림을 알아차립니다.

● 발바닥의 아주 미세한 움직임

2012년 12월 16일.

행선: 빠르면서 가벼운 걸음이 느려지면서 뻗었다가 내려가는 걸음, 발을 들어 올렸다가 내리는 걸음, 한 쪽만 반원을 그리며 걷는 걸음 등 계속 변화합니다. 몸을 돌려야겠다는 의도가 일어나자 두 발로 작은 원을 만들며 몸이 돌려집니다. 걸음이 매우 느려지며 발이 움직여지지 않습니다. 발바닥에서 마치 물 위에 빗방울이 떨어지듯 튀어 오르는 것 같은 많은 움직임과 물결의 움직임이 느껴집니다. 이 느낌은 서서히 사라지며 부분부분 덩어리진 것 같은 물체들로 느껴지다 시간이 지나면서 단단해집니다. 이 단단함은 사라지고 뜨거움이 느껴집니다.

● 알아차림을 계속해서 놓치다

2012년 12월 18일.

좌선: 이마에 쪼임과 누름 같은 강한 느낌이 리듬을 타고 계속됩니다. 고개가 숙여짐이 보입니다. 소란스럽다는 느낌입니다. 알아차림을 하고 있지 않음이 관찰됩니다. 이마를 알아차렸습

니다. 이마의 쪼임과 리듬에 따라 작은 움직임들이 보입니다. 알아차리고 있지 않음이 보입니다. 이마의 작은 움직임들을 알아차렸습니다. 알아차리고 있지 않음이 보입니다. 알아차리기가 힘들다는 생각을 했습니다.

● 무아無我

2012년 12월 19일.

식사 명상: 음식을 먹기 위해 스푼을 들었습니다. 스푼이 저절로 음식에게 갑니다. 음식이 입안으로 들어가자 한쪽 이로 대충 부수고 난 후, 양쪽 이로 균형 있고 조화롭게 잘게 씹음이 보입니다. 바깥에서 안으로, 안에서 바깥으로 음식이 돌려지며 씹어짐이 관찰됩니다. 스푼은 저절로 계속 음식에게로 가며 좋아하고 싫어함 없이 골고루 순차적으로 음식을 입에 넣었습니다. 배가 부르다는 느낌이 일어나자 손이 스푼을 내려놓음이 관찰됩니다.

● 호흡의 길이가 변화되다

2012년 12월 20일.

작고 부드러운 호흡이 빠르고 길게 변화합니다. 다시 느려지고 짧아지더니, 꽃잎이 흔들리듯 호흡하더니 단추만한 둥그런 모양으로 변화합니다. 호흡이 부름, 꺼짐, 쉼의 3단계로 이루어

집니다. 생각을 멈추고 자세가 바로잡아집니다. 고개가 숙여지
고, 호흡은 계속됩니다.

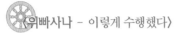
《위빠사나 – 이렇게 수행했다〉

경험적으로 보면, 수행을 계속하다 이력이 붙으면 습관적인 알아
차림을 하게 됩니다. 특히나 좌선에서의 배의 부름과 꺼짐은 습
관적인 알아차림을 하기가 쉽습니다. 그러면 많은 시간을 낭비하
게 됩니다. 때문에 배의 부름과 꺼짐은 좀 더 정확하게 꿰뚫어 알
아차리기 위한 노력이 필요합니다. 특히나 배의 부름의 시작·중
간·끝, 꺼짐의 시작·중간·끝을 꿰뚫어 정확히 지켜보는 것은 중
요합니다. 그래서 호흡의 길이 변화의 과정을 정확히 알아차릴
수 있으면 더욱 좋습니다. 그리고 행선에서도 마찬가지로 습관적
인 알아차림은 왼발을 오른발로, 오른발을 왼발로 명칭 붙이며
알아차리는 것입니다. 습관적인 알아차림에서는 수행의 진보가
없습니다. 때문에 몸과 마음에서 일어나고 사라지는 현상을 있는
그대로 정확히 꿰뚫어 알아차리려고 늘 노력했습니다.

숲속 센터를 떠나다

이곳 숲속 센터는 수행하기에는 더없이 좋은 곳입니다. 사
실 11월, 한국을 떠나오면서 몸이 아프기 시작했었습니다. 그런
데 이곳 숲속 센터가 좀 습한 곳이다 보니 몸이 더 못 견뎌 했습

니다. 어쩔 수 없이 양곤 본원으로 옮겨 올 수밖에 없었습니다. 12월 25일 양곤 본원으로 돌아오면서 '고생을 하러 온 것인가?' 하는 생각이 들었지만, 이것 역시도 받아들여야 한다는 생각을 했습니다. 삶이란 원래 그런 것이기 때문입니다.

양곤 본원에는 통역을 해주는 사람이 없었습니다. 센터에서는 인터뷰 없이는 머물러 있을 수 없다고 하는데, 이리저리 수소문해도 통역을 해줄 만한 사람이 없었습니다. 며칠 후 한 남자가 왔는데, 통역을 할 정도의 한국어 실력이 안 되었습니다. 수행처를 떠나야 할지 고민을 하던 차에 다행히도 양곤에 있는 한 호텔에서 통역할 만한 사람을 추천해 주었습니다. 그래서 그동안 이런저런 이유로 수행하지 못한 것을 채우기 위해, 항공사에 전화해서 출국 날짜를 한 달 가량 늦추었습니다. 그런데 통역을 하기로 한 사람이 오겠다는 약속을 하고는 계속 오질 않았습니다. 더구나 아파서 본원으로 온 것을 알기에 센터에서는 한국으로 돌아가는 것이 좋겠다고 합니다.

● 마음이 원하는 대로 하면 고통은 계속된다

2013년 1월 11일.

필자: 나간다면 누군가 나가라고 밀어낼 때이다. 결단코 버텨야 한다. 나간다면 '마음'에게 지는 것이다.

꩜수행의 기록은 아쉽게도 여기까지입니다. 인터뷰하는 선생님께서 기록하지 말고, 그냥 보고하는 것이 좋겠다고 하셨습니다. 때문에 수행에 대한 상세한 내용을 이야기하기는 어렵습니다.

이때의 주변 상황은 그리 좋지만은 않았습니다. 통역하는 사람이 계속 오질 않자, 수행 센터에서는 재차 머물러 있을 수 없다고 하고, 몸의 아픔도 계속되고 있었습니다. 더구나 몸이 아프니까 발까지 시려서 양말을 3개씩이나 신고서도 행선을 할 수가 없었습니다. 행선도 못하고 어쩔 수 없이 다른 곳으로 가야 할 상황이었습니다.

⚙〈위빠사나 – 이렇게 수행했다〉

그럼에도 수행은 포기할 수 없었습니다. 죽음은 받아들일 수 있지만, 몸이 아파도 수행은 포기할 수 없었습니다. 그리고 지난 번 방문 수행 때처럼, 이 수행처를 떠나 다른 수행처를 전전하며 다닐 수는 없었습니다. 그런데 마음은 계속 수행처를 나가길 원했습니다. 그래서 '마음에게 휘둘리지 말라.'라는 메모지를 방뿐만 아니라 좌선하는 자리 앞에도 붙여 놓았습니다.

　수행의 진보에서 행선은 중요합니다. 그래서 행선을 하기 위한 여러 가지 방법을 모색하다가 캐슈너트(cashew nut)를 쌌던 얇은 종이 상자를 발 모양으로 잘라서 양말과 양말 사이에 넣었습니다. 그리고 행선을 하였더니 감사하게도 발이 시리지 않았습니다. 이렇게 해서 다시 행선을 할 수 있게 되었습니다. 그리고 죽고 사는 것은 하늘(원인과 결과)의 뜻임을 받아들이며, 모든 것을 내맡겼습니다. 이것은 마음과의 싸움이었습니다. 마음에게 마음을 존중하지 않음을 계속해서 보여주었습니다. 마음에게 휘둘리지 않기 위해서, 마음이 원하는 대로 하지 않기 위해서 계속 노력했습니다.

체력을 키우기 위해서는 체력 한계점을 극복해야 하는 것처럼, 고통의 한계 상황에서 마음과 타협하지 않는 것이 무엇보다 중요합니다. 그래서 고통의 한계를 초월할 수 있어야만 마음으로부터 자유로워질 수 있습니다.

깨달음의 열쇠 열두 번째: **고통의 한계 상황을 극복하기**

● **마음의 소멸**

2013년 1월 29일.

필자: 배의 부름과 꺼짐을 계속 알아차리는데, 마음이 멀어져 갑니다. '어!' 하며 그 마음을 잡으려는 마음이 일어났습니다. 다시 알아차리려는데, 또 마음이 멀어져 갔습니다. 배가 아파 마음이 다시 돌아왔음을 알았습니다.

선생님: 더 보아야 할 것이 있습니다.

필자: ○○○과 ○○○이 일어나고 사라짐을 보았습니다.

선생님: 맞습니다.

❀감사하게도 통역을 하는 분이 며칠 후에 약속대로 와서 통역을 해주었습니다. 수행이 계속되면서 주변의 상황과는 관계없이 좌선에서는 평안함을 경험했습니다. 그러나 때로는 부정적인 감정들이 올라와 마음이 방황을 했습니다. 이렇게 수행이 계속되면서 평생 잊을 수 없는 첫 경험을 하였습니다. 물론 그동안 마음의 소멸을 경험했다고 생각하고 있었지만, 확인할 수는 없었습니다. 그런데 선생님께서 "맞습니다."라고 하시며, '마음의 소멸'을 경험한 것이라고 하셨습니다. ○○○과 ○○○이 무엇인지는 수행을 통해 직접 경험해 보기 바랍니다.

〈위빠사나 – 이렇게 수행했다〉

마음이 고통의 감정들을 만들어 내는 이유는 탐욕과 분노, 그리고 어리석음 때문입니다. 이것의 주체는 '나'라는 유신견입니다. 이 '나'라는 것에 대한 집착이 모든 고통의 시작입니다. 뿐만 아니라 '나'가 아닌 다른 것에 대한 가치를 흐리게 함으로써 더 많은 고통들을 만들어 냅니다. 이런 마음으로부터 자유로워지기 위해서는 '나'를 포기하는 방식의 수행이 좋습니다. 다시 말해 '나'가 원하는 것을 주지 않는 방식입니다. 그래서 마음이 더 좋은 것을 가지려 하면 그것을 알아차리면서 양보하고, 마음이 '나' 를 우선시하면 그것을 알아차리면서 다른 사람들에게 더 친절하 게 대하는 것이 좋습니다. 더 나아가 '나'를 특별한 존재로 여기 는 것은 수행의 진보와는 반대 방향으로 나아가는 길임을 체득 하는 것이 좋습니다. 수행의 진보는 '나'가 얼마만큼 포기되어 있 느냐 입니다.

"이 존재에 대한 모든 것은 뜻대로 이루소서."
"이 육체의 죽음까지도 뜻대로 이루소서."

좌선을 할 때마다 이 두 구절을 간절하게 되새김질하며 자애 관을 하였습니다. 죽음조차도 받아들이며 저 자신을 하늘(원인과 결과)에 내맡겼습니다.

진정 깨달음을 원한다면 '나'를 포기하는 것이 맞습니다. 그래 야 '무아'의 상태인 깨달음을 성취할 수 있습니다. '나'는 특별하 다거나 대접 받아야 한다고 생각한다면 깨달음은 없습니다. '나' 에게 집중할수록 깨달음은 없습니다. 그러니 자신이 편안하고 행복하기를 기도하지 마십시오. 진정으로 깨달음을 성취하길 원 한다면 자신의 안위를 위해 기도하지 마십시오. 오직 성인의 도 와 과의 성취만을 기도하십시오. 원하는 것을 놓아버리고, 좋아 하거나 싫어하는 것을 모두 놓아버리십시오. 그리고 자신의 생명조차도 하늘(원인과 결과)에 내맡기십시오. 그러면 나머지는 저절로 이루어집니다.

깨달음의 열쇠 열세 번째: '나'를 포기하기

이렇게 네 번째 방문 수행을 마치고, 2013년 2월 한국으로 돌아와 다시 본연의 생활로 돌아가 회사를 다녔습니다. 그러나 회사에 다닐 수 없는 상황들이 계속되었습니다. 때문에 2~3개월 다니다 그만두고 집에서 운동도 하고, 책도 보고, 좋아하는 일도 하면서 기본 수행을 하였습니다. 2013년은 수행을 위해 준비된 한 해처럼 느껴졌습니다. 8월 말 항공권을 예매했습니다. 그리고 A명상센터에 비자를 신청했습니다. 그런데 명상센터에서 그만 오라고 합니다. 저도 충분히 이해합니다. 아프다는 이유로 계속 힘들게 했으니, 그럴 수도 있다고 생각됩니다. 그래서 세 번째 방문 수행 중, 며칠만 머물러서 후회가 되었던 D명상센터로 방향을 바꾸었습니다. 그런데 9월부터 집안에 문제가 발생했습니다. 만약 항공권을 예매하지 않았다면 2013년도 겨울 수행은 포기했을지도 모릅니다. 아들 녀석이 일을 하다 다쳐서 병원에 다녔습니다. 엄마로서는 미안하지만 수행을 포기할 수는 없었습니다. 많이 다친 것은 아니었지만 완치된 것은 못 보고 2013년 11월 16일 다섯 번째 방문 수행을 위해 집을 나섰습니다.

18장

다섯 번째 명상 일기(위빠사나 - 이렇게 수행했다)

2013년 11월 16일, 여기는 인천 국제공항입니다. 6시 30분 미얀마의 양곤으로 출발하는 비행기를 기다리고 있습니다. 설레면서도 한편으로는 '잘하고 올 수 있을까?' 하는 걱정이 일기도 합니다. 시간이 지나면서 외국 사람들이 게이트로 모여들기 시작합니다. 한국을 경유해서 양곤으로 가는 사람들이 많기 때문인 것 같습니다. 탑승을 시작하겠다는 안내 방송이 들려옵니다. 비행기는 거의 만석이고, 비행 예상 시간은 6시간 반이라고 합니다. 전등이 소등되고 비행기 안은 어둑한데 잠이 오지 않습니다. 시간이 지나자 양곤 도착을 알리는 기장의 안내 방송과 함께 양곤의 기온은 28℃라고 합니다.

밤 12시가 넘은 시간, 그러니까 한국 시간으로는 새벽 2시 30분쯤에 호텔에 도착을 해서 잠을 청했지만, 제대로 잘 수가 없습니다. 전에도 그랬듯이 갑작스런 온도 변화와 환경 변화에 몸과 마음이 안정되지 않았습니다. 한국을 떠날 때 11월 중순의 날씨는 이미 꽤나 쌀쌀한 날씨였습니다. 몸이 이곳 온도에 적응하는데 시간이 좀 필요합니다.

D명상센터 도착

호텔에서 그리 멀지 않은 곳에 D명상센터가 자리하고 있습니다. 두 번째로 방문하는 곳이어서 그런지 그리 낯설지 않았습니다. 또한 안내를 해주는 스님이 친절하셨습니다. 여러 가지 절차를 거쳐 외국인 숙소의 3번 방을 배정 받았습니다. 이곳은 4층으로 되어 있는 외국인 전용 숙소로, 1층은 여자들의 숙소, 2층은 여자들의 전용 법당, 3층은 남자들의 법당, 4층은 남자들의 숙소입니다.

마침 점심시간이라며 스님이 식당으로 안내해 주셨습니다. 맨 앞쪽은 남자 스님들과 남자 수행자들의 자리입니다. 그 다음은 여자 수행자들의 자리입니다. 외국인들은 특별 우대로 같은 여자지만 조금은 더 앞쪽에 자리가 있습니다. 좌식으로 둥그런 상에 5명까지 앉을 수 있지만, 보통 3~4명이 함께 식사를 합니다. 그러나 1월 말이나 2월부터는 외국인들이 귀국을 하는 경우가 많아서, 거의 혼자 식사를 했습니다.

미얀마 음식은 대부분 굉장히 기름지지만, 이곳의 음식은 다행히 덜 기름져서 좋습니다. 과일은 바나나, 귤, 자몽 등 세 종류나 됩니다. 아침, 점심 끼니때마다 과일이 3가지씩 나옵니다. 바나나는 아침, 점심으로 거의 끼니때마다 나옵니다. 그런데 한국에서 먹은 바나나와는 비교가 안 될 만큼 맛이 좋습니다. 그리고 다른 수행자에게 들었는데, 빨간 바나나가 나오는 날은 배가 불러도 먹는 것이 좋다고 합니다.

식사 후, 스님이 함께 마트에 가 주시겠다고 합니다. 명상센터를 나와서 도로를 걸어 찻길을 건너는데, 횡단보도가 없습니다. 신기합니다. 그리고 차들이 움직일 수 있는 신호등은 있는데, 사람들이 건널 수 있도록 도와주는 신호등은 없습니다. 차들이 많으니까 스님이 잘 따라오라고 마음을 써 주셨습니다. 지나가면서 만나는 행인들이 스님에게 인사를 하며 저를 쳐다보자 "코리언"이라며 웃으면서 말씀하셨습니다. 저도 덩달아 함께 인사를 나누며 행복했습니다.

마트에서 3개월 동안 쓸 휴지와 세제, 그리고 바깥과 실내에서 신을 슬리퍼는 2개를 샀습니다. 스님에게 필요한 것이 있으면 사 드린다고 했더니 괜찮다며 거절하셨습니다. 이것저것 산 것들을 스님과 함께 나누어 들고, 횡단보도 없는 찻길을 건너 다시 명상센터로 돌아왔습니다.

〈위빠사나 - 이렇게 수행했다〉

수행을 하면서 필요한 물품들은 미리 준비하는 것이 좋습니다. 수행 중간에 나오면, 알아차림이 멈춰서 수행의 진보에 상당한 방해가 됩니다. 개인적으로는, 몸이 많이 추위해서 주스를 마시는 시간에 생강가루를 넣은 꿀물을 마십니다. 생강가루는 미리 한국에서 준비해 갔고, 꿀은 호텔에서 아침 식사 후 가까운 마트에 가서 샀습니다.

물품 준비 끝! 이제부터는 잠자리며, 좌선 자리를 준비해야 합니다. 방으로 들어갔는데 다른 분의 짐이 있습니다. 스님에게 누군가 있다고 말씀드렸더니, "세알레이인데 곧 떠난다."고 하셨습니다. 짐을 풀 수도 청소를 할 수도 없습니다. 그래서 2층 법당으로 가서 자리를 잡고, 방석과 모기장을 준비하고 자리에 앉았습니다. 좌선하면서 내내 졸았습니다. 밤에 잠을 못잔 데다 덥고 오후 시간이라 졸음을 이겨내기 어려웠습니다. 이튿날도 오전부터 오후까지 좌선 시간 내내 졸았습니다. 집중 수행을 시작하면 처음 며칠은 늘 이렇습니다.

수행처에서의 하루 일정

이곳에서는 4시에 기상하여 4시 30분부터 1시간 동안 명상하고 아침을 먹습니다. 아침은 주로 국수나 죽으로 간단히 먹고, 후식으로 과일을 먹습니다. 개인적으로 국수나 빵 같은 음식을 무척이나 좋아합니다. 그러나 밀가루 음식은 소화가 덜 되다보니 수행에 방해가 될까 봐, 입에서야 당기지만 가급적 안 먹는 음식들입니다.

아침 식사 후 청소 시간입니다. 이곳에서는 법당 청소를 매일 합니다. 다른 센터에서는 청소를 매일 하지 않고, 주로 포살(계율의 조목을 암송하면서 스스로를 반성하는 의식)일에 청소를 했던 것으로 기억합니다. 청소하면 움직임이 많기 때문에 집중력이 깨지기 쉬워 개인적으로는 싫었습니다. 그러나 이곳에 있으려면 이곳의 규칙을 따라야겠지요.

청소를 끝내고 7시 30분부터 명상 시간입니다. 3시간 정도 좌선과 행선을 하고, 점심시간은 10시 30분입니다. 점심시간은 고기와 채소와 밥, 그리고 과일까지 골고루 먹을 수 있는 시간입니다. 아침은 간단히 먹기 때문에 이때 필요한 모든 영양소를 섭취해야 합니다. 그래서 개인 접시에 모든 반찬을 골고루 담아 밥과 함께 비비듯 섞어서 먹었습니다. 미얀마의 밥은 한국의 밥처럼 찰지지 않고 날리는 밥이지만 이렇게 먹으니 먹을 만하고 맛도 좋습니다. 그리고 12시부터는 법당에서 좌선과 행선을 하고, 오후 4시에 주스를 마시고, 밤 9시 30분까지 좌선과 행선을 하면 공식적인 하루 일과가 끝이 납니다.

❉ 위빠사나 - 이렇게 수행했다〉

오전에는 식당에 두 번 가고 청소까지 하는 등 움직임이 많았습니다. 그래서 머리를 감거나 빨래를 하는 등의 움직임이 많은 일들은 가급적 오전에 하였습니다. 그리고 오후에는 법당에 들어가기 전에 물을 충분히 마시고, 4시에 화장실에 한 번 가고, 가능한 밤 9시 30분까지 법당에 머무르면서 최소한의 움직임으로 명상에 전념하려고 노력했습니다. 몰입하면서 하는 알아차림의 시간이 길수록 수행의 진보가 빠르기 때문입니다. 뭐! 법당 귀신이 되어야 한다고나 할까요. 이렇게 몰입해서 수행을 해야 명상을 시작하고 3~5일 정도가 지나가면 전에 수행하던 명상의 깊이까지 쭉 올라갈 수 있습니다. 그러나 밤 9시 30분까지 못 버티는 날이 많았습니다. 그래도 최선을 다했기 때문에 만족스러웠습니다.

● **행선에서 52단계**

2013년 11월 22일.

행선: 걷겠다는 의도로 발을 드니 좀 빠른 걸음이 서서히 느려집니다. 생각이 일어나고 사라지고, 걸음은 더욱 더 느려지면서 매우 느린 52단계의 걸음이 됩니다. 발을 들면서 물방울을 터치하는 느낌이, 무거움이 일어났다 사라졌습니다. 발이 가면서 떨림, 뻣뻣함, 소용돌이 등이 일어났다 사라졌습니다. 발을 내리면서 끌어당김이, 밀어냄이 일어났다 사라졌습니다. 이외에도 표현할 수 없는 미세한 움직임들이 일어나고 사라짐을 보았습니다. 마음이 몸을 돌리려는 의도를 냈지만, 몸은 그냥 계속 가며 행선했습니다.

● 위빠사나 명상일기의 탄생

2013년 11월 24일.

아침에 일어났는데, 꿈 생각이 제일 먼저 났습니다.

"비행기를 탔는데, 비행기 안이 아니라 비행기 위에 올라타고 하늘을 날았습니다. 얼굴에는 미소가 가득하고, 손에는 아카시아 꽃처럼 생긴 꽃잎이 큰 꽃을 들고 있었습니다. 싱그러운 바람에 머릿결도 꽃의 줄기도 휘날렸습니다. 비행기에서 내렸습니다. 검은 정장 차림의 분들이 저를 보호하며 가서는 현직 대통령님을 만났습니다. 그분이 그렇게 환하게 웃는 모습은 처음 보았습니다. 환하게 웃으며 저를 반갑게 맞이해 주셨습니다. 그리고 손으로 방향을 가리키며 안내를 해주셨습니다."

그동안 명상을 하면서 꿈은 잘 꾸지 않는 편이었습니다. 그런데 이렇게 꿈을 꾸었습니다. 개인적으로는 매우 신기한 꿈입니다. 그리고 이날 오후에 법당에서 수행을 계속하고 있는데, 함께 수행하시던 분이 "한국에서도 위빠사나가 자리를 잡아서 다른 나라 사람들도 한국으로 수행하러 올 수 있었으면 좋겠다."고 말씀하시네요. 그런데 순간 이런 생각이 떠올랐습니다. '위빠사나 명상일기. 아! 그래 지금까지 수행한 것을 글로 써서 좀 더 많은 사람들이 고통으로부터 벗어날 수 있도록 도와야겠다.'라는 생각을 순간적으로 했습니다.

전 세계적으로도 마음에 아픔이 있는 사람들은 많습니다. 좀 더 많은 사람들이 위빠사나 수행으로 행복해졌으면 좋겠습니다.

● 몸은 마음의 의도와 관계없이 움직인다

2013년 11월 25일.

생활명상: 물을 먹으러 가고 싶다는 의도가 일어났지만, 몸이 물에게 가지 않습니다. 마음이 거울을 보고 싶다는 의도를 냈지만 몸이 가지 않습니다. 이외에도 일상에서 마음이 여러 가지 의도를 내지만, 몸이 움직여주지 않음을 보았습니다.

〈위빠사나 - 이렇게 수행했다〉

수행을 해보면, 아침에 알아차림이 가장 잘됩니다. 그래서 아침에 일어나서 머리를 빗고, 묶고, 옷을 입는 등 모든 행위들을 한 발짝 정도만 움직이고 해결할 수 있도록 동선을 최대한 짧게 하였습니다. 알아차림은 아무래도 움직임이 적을수록 유리합니다.

● 그래! 바로 이것이로구나!

2013년 11월 29일.

인터뷰를 하면 아무래도 말을 더 많이 하게 됩니다. 그러면 집중력이 떨어지고 알아차림도 끊어집니다. 그런데 인터뷰하면서 말을 하는데도 계속 고개가 저절로 숙여지며 저절로 집중되고, 저절로 알아차려졌습니다.

식사 명상: 수저가 저절로 움직입니다. 음식을 씹으니 단단함, 부드러움, 부서짐, 상큼함, 차가움, 따뜻함, 쫄깃함, 맛이 있음 등이 느껴집니다. 몸을 알아차리자 저절로 어깨가 살짝 내려지고 허리가 바르게 세워지며 자세를 바로잡습니다. 매운 음식으로 인해 입안이 맵지만, 수저가 저절로 계속 매운 음식으로가 음식을 입안으로 가져옵니다. 음식을 더 먹겠다고 마음의 의도가 일어났지만, 수저가 가지 않습니다. 저절로 손이 주전자로 가고 찻잔에 차를 따릅니다. 차를 마시자, 고요합니다. 그리고 평화롭습니다.

좌선: 크고 부드럽던 호흡이 서서히 작아집니다. 몸은 서서히 단단해지고, 팔·다리·발에서는 간지러움, 벌레들의 움직임 같은 여러 가지 움직임들이 일어났다 사라졌습니다. 발에서 알아차리기 힘든 많은 미세한 움직임들이 셀 수 없이 일어났다 사라졌습니다. 배의 부름과 꺼짐이 미세해지면서 알아차리기가 힘이 듭니다. 그런데 순간 '이게 뭐지?' 갑자기 무슨 일이 일어났습니다. 뭔지는 모르지만, 분명 뭔가 일이 있었습니다.

❀좌선을 끝냈습니다. '마음이 사라졌다 돌아온 것인가?' 하는 생각을 했습니다. 그러나 뭔가 다른 느낌이었습니다. 마음의 사라짐을 경험하는 당시에 대해서는 아는 것도, 모른다는 것

도 없지만, 때로는 마음이 사라져 갈 때와 마음이 돌아왔을 때의 상황들에 대해서 알기도 합니다. 이번에는 확실히 다른 느낌입니다. 툭 친다는 느낌도 아니었고, 번쩍 하는 느낌도 아니었습니다. 아주 잠깐, 찰나라고 해야 할까요. 한순간에 뭔가 일이 일어났었다는 것만 압니다. 그런데 행선을 하는데, 싱그러웠습니다. 위빠사나 수행을 하면서 이런 일은 처음입니다. 봄날의 새 생명의 신선함과 덥지도 춥지도 않은 상태, 싱그러움이라고 해야 할까요? 그것이었습니다. 싱그러운 에너지가 온몸을 감돌면서 몸과 마음이 가볍고, 상쾌하면서 산뜻하고 싱그러웠습니다. 시간이 지나면서 아침에 먹은 양파 때문에 위가 맵다는 느낌 등 몸의 불편함이 느껴졌습니다. 좌선 직후의 몸과는 대비되었습니다. 좌선 직후에는 몸이 완벽했다는 느낌까지 들었습니다. '아! 이것이 쿤달리니 에너지. 그래! 바로 이것이로구나!' 하는 생각이 들었습니다.

● 쿤달리니의 치유
2013년 12월 16일.
좌선: 강하면서도 짧은 부름과 꺼짐이 보입니다. 어둠이 내리고, 더운 느낌이 일어납니다. 귀와 어깨의 아픔, 팔과 다리의 아픔, 그리고 엄지발가락의 아픔 등 여기저기 몸의 아픔이 보입니다. 에너지가 머리에서 작용하면서 머리부터 시원하고 상쾌함

이 느껴집니다. 새벽녘에 해가 떠오르듯 치유된 머리가 밝은 반달 모양으로 떠오름이 관찰됩니다. 귀에 강한 에너지가 돌며 움직이고, 이 에너지가 어깨에서 움직이며 어깨의 아픔이 검은 쌀 같은 알갱이들로 보이고, 잠시 후 이 검은 알갱이들이 날아감을 보았습니다. 왼쪽 팔의 아픈 곳에서 검은 알갱이들이 날아갑니다. 이 강한 에너지가 계속 밑으로 밑으로 내려가면서 몸을 치유합니다. 다리는 커다란 부유물로 느껴지고 밀가루 반죽하듯 계속 움직이더니 붓기가 빠지는 것처럼 서서히 작아지면서 본래의 모습으로 돌아옵니다. 엄지발가락의 밑 뼈의 아픔이 시원하고 하얀 백색의 줄기가 되어 바람과 함께 엄지발가락으로 빠져 나갑니다. 이러한 과정이 머리에서 발끝까지 세 번 계속 반복되면서 몸이 바람결처럼 느껴집니다.

❀이때 특이했던 것은, 육체의 아픔이 검은 알갱이나 하얀 백색의 줄기로 몸 밖으로 날아가는 것이 보였는데, 실제로 치유된 곳은 아픔이 하얀 백색의 줄기가 되어 몸 밖으로 날아간, 엄지발가락의 통증입니다. 귀와 어깨의 통증은 그대로였습니다. 그래서 검은 알갱이란? 치유는 필요하지만 때가 아니거나 운명이라는 뜻으로 이해하고 있습니다.

11월 29일의 경험 이후 이런 기적을 계속 경험하고 있습니다. 추운 것이 느껴지면 몸이 따뜻해지고, 몸이 더우면 등에서 시원함이 일어나 싱그러움이 감돕니다. 어깨 통증이 느껴져서 만지면 그냥 그 불편함이 사라지고, 무릎이 시려서 무릎이 따뜻해졌으면 좋겠네 하면 무릎이 따뜻해집니다. 이외에 소소한 일에서도 감동이 오며, 온몸에 전율이 일어나곤 합니다. 그리고 집중 수행이 아닌 일상으로 돌아와서는 '나'라는 단어를 사용하는 것에 거부감이 느껴지네요.

● 육체라는 빈집
2013년 12월 28일.

좌선: 배의 부름과 꺼짐을 알아차리자 몸은 강하고 단단합니다. 부름과 꺼짐은 불규칙하게 이루어지면서 바람처럼 미세합니다. 왼쪽 팔의 아픔이 보이고, 생각이 일어났다 사라짐을 보았습니다. 부름과 꺼짐이 저절로 이루어지면서 순간 '나'가 없다는 느낌이 일어났습니다. 팔의 아픈 흔적들이 날아가 버리고, 계속 부름과 꺼짐이 저절로 이루어졌습니다.

필자: 좌선에서 주인 없는 이 육체라는 빈집이 흔들거리는 움직임을 보았습니다. 27일 좌선, 28일 좌선에서 계속 '나'가 없다는 느낌, 그래서 자아가 없음이 보입니다. 가슴은 시원하고 뻥 뚫린 느낌입니다. 이 세상 전부를 다 담을 수 있을 정도로 이 육체의 가슴이 넓다는 것을 처음 알았습니다. 그리고 좌선을

30분을 하든 2시간을 하든 시간의 길이에 대한 느낌은 같습니다. 생활 명상에서도 알아차림이 평안하고, 마음의 걸림이 사라졌다는 느낌이 일어나면서 고요하고 평화롭습니다.

● 세상이 평화롭다
2014년 1월 2일.

부름과 꺼짐이 강하게 리듬 있게 움직입니다. 몸의 곳곳에서 편안함이 보였고, 생각이 일어났다 사라짐을 보았습니다. 몸의 편안함이 평화로움으로 보입니다.

● 순간 생하고, 순간 멸하는
2014년 1월 5일.

행선: 걷겠다는 의도로 발을 드니 한자리 빙빙 돌기가 발의 움직임과 관계없이 몸이 빙빙 돕니다. 몸의 움직임이 시계의 초침처럼 째깍째깍 움직이는데 움직임, 정지, 움직임, 정지, 움직임, 정지, 움직임, 정지가 계속되며 행위가 조각조각 끊어져 보입니다.

● 이 육체는 저절로 보호되고
2014년 1월 9일.

좌선: 강하고 단단한 부름과 꺼짐입니다. 무릎 위 다리가 시려옴

이 관찰됩니다. 어두움이 내렸습니다. 목이 따뜻해집니다. 서서히 목 뒤, 그리고 뒷머리 위로 따뜻해져 갑니다. 목에서 내려온 따뜻함이 가슴으로 배로 내려옵니다. 손이 따뜻해지고 무릎 위 다리가 따뜻해지며 열기가 발로 전달되면서 발이 따뜻해집니다. 앉아 있는 자리에 정이 가는 포근한 따뜻함이 느껴집니다. 생각이 일어나고 사라지고, 일어나고 사라집니다. 생각이 일어나지 않습니다.

● 생각들이 부서져 사라지다

2014년 1월 12일.

행선: 걷겠다는 의도로 발을 들었습니다. 서서히 발의 속도가 느려졌습니다. 점점 더 느려지면서 시야가 흐려집니다. 걸음걸음마다 걷겠다는 미세한 의도가 있음이 관찰됩니다. 생각이 일어나면 그 생각이 부서져 날아가는 사이로 발의 움직임이 보입니다. 계속 생각이 일어나면, 생각이 부서져 날아가는 사이로 발의 움직임이 보입니다. 미세한 따가움이 관찰됩니다.

좌선: 불규칙하면서 강한 부름과 꺼짐이 보입니다. 생각이 일어나면 부서져 사라지고, 생각이 일어나면 부서져 사라짐이 관찰됩니다. 생각이 일어나지 않으면서 저절로 배의 부름과 꺼짐을 알아차려짐이 보입니다.

생활 명상: 원치 않는 어떤 상황을 만나자 마음에서, 어항 속 산소 발생기의 작은 물방울처럼 분노가 미열과 함께 뽀르르 일어났다 사라짐을 보았습니다. 어떤 분의 마음에서 일어나는 분노가 큰 물병 속에 물이 출렁이며 차오르듯 분노가 출렁이며 온몸에 채워짐이 보였습니다. 큰 법당에서 행사가 있는 듯 했습니다. 그런데 마이크를 통해 들려오는 목소리에서 말하는 사람의 분노가 읽어졌습니다.

● 112단계의 행선
2014년 2월 10일.

행선: 발을 들면서 듦, 정지, 듦, 정지의 30단계로 발이 매우 느리게 들림이 보입니다. 발가락이 들리면서 탱탱함이 일어났다 사라지고, 가면서 단단함이 일어났다 사라지고, 내리면서 가벼움이 보였습니다.

※ 발을 들면서 30단계로 느리게 들어지고, 발이 가고, 내리는 것 역시도 느리게 움직이면서 112단계의 행선이 되었습니다. 그러니까 한 발짝 움직이는 발 하나의 움직임에서 행위와 정지가 112회가 되면서 일상생활에서도 깨어지지 않는 집중력이 유지되었습니다.

모처럼 행선을 했습니다. 계속 발의 뒤꿈치 부분이 아파 느린 행선을 할 수 없었습니다. 1월 10일에 의사를 만났었는데, 별거 아니라며, 걱정하지 말라고 했습니다. 통증이 참을 만해서약을 안 먹다가, 발을 절룩거릴 정도로 아파서 그때 준 약을 먹었습니다. 위에서 계속 통증이 올라오고, 얼굴이 노래졌습니다. 그래도 수행을 못하는 것보다 수행하는 것이 좋겠다 싶어약을 계속 먹었습니다. 그리고 29일에 다시 의사를 만났는데, 다른 의사 분이었습니다. 이분은 신경 때문이라며 바르는 약을 주었습니다. 그리고 따뜻한 물에 발을 10분 정도 담그는 족욕을 아침저녁으로 하라고 합니다. 족욕을 하고 잠깐 쉬어야하는데, 그럼 물을 준비하는 시간까지 30~40분씩을 아침저녁으로 하면 1시간 20분 정도 알아차림의 공백이 있을 수밖에 없습니다. 알아차림에 100% 집중해도 어려운데 다른 뭔가를 하면서 한다면 알아차림은 50%대로 떨어집니다. 그런데다 좌선을 하고 나면 발이 더 아팠습니다. 의자에 앉아서 해보고, 발의 위치를 바꾸어서도 해보고, 이렇게 하는 과정에서 알아차림이 빈번히 멈추었습니다. 그래서 수행을 제대로 못할 거면 한국으로 돌아가야 하나 고민을 하였습니다.

사실 왼발 뒤꿈치의 통증은 두 달째로 조금씩 더 심해지고 있었고, 이제는 오른발까지 아파오기 시작했습니다. 그런데 그만 아프고 싶다는 생각도, 빨리 고쳐야겠다는 생각도 없습니다. 이제 이 육체의 아픔이 애달프지가 않네요.

어수선한 세상 속에 고요함이

2월이 되면서 식당은 수행자들이 많지 않고 한적했습니다. 그런데 어느 날 갑자기 남자 스님들이며 수행자들이 많았습니다. 식당에서 도움을 주시는 분들의 움직임이 많아 식당 안이 어수선했습니다. 식사를 하려고 수저를 들다가 수저를 바닥에 떨어뜨렸습니다. 새 수저를 받아 알아차림을 하면서 식사를 하는데, 마음이 고요합니다. 너무나 고요해 식당 안의 세계와 이 존재의 마음은 서로 다른 세상이었습니다. 보이는 사람들이 아름답습니다. 보이는 세상이 너무나 평화롭습니다.

19장

항상 알아차림을 개발하라

이후에는 한국에서 2번의 집중 수행을 하였습니다. 3군데를 다녀왔는데, 한국에도 수행처가 많습니다. 그런데 수행처마다 분위기가 여러 가지로 다릅니다. 열심히 수행을 하는 곳도 있었지만, 대화를 하며 쉬어가는 듯한 분위기인 곳도 있었습니다.

어떤 사람들은 수행처에 와서 간간이 명상을 하면서 책이나 핸드폰을 보거나 누군가와 대화를 하고 주변을 둘러보면서 일상에서 떠나 지쳐 있던 몸과 마음을 휴식하며 평안해 합니다. 그리고 일상으로 돌아가 참 좋은 시간이었다고 좋아하며 다시 고통 속으로 빠져들어 갑니다. 참으로 안타까운 일입니다. 그런데 진정 고통으로부터 벗어나고 싶다면 알아차림에 몰입을 해야만 합니다.

사실 집에서는 알아차림에 몰입하고 싶어도 가족들을 돌보고 회사 일을 하느라 알아차림에 집중하기 어렵지만, 수행처에서만큼은 알아차림에 온전히 몰입을 할 수 있습니다. 그러나 마음은 쉬어야 할 이유와 대화를 해야 할 이유를, 그래서 알아차림을 멈추어야 할 이유들을 순간순간 계속해서 만들어 냅니다. 뿐만 아니라 마음은 있는 그대로를 보려 하지 않고, 아무런 이유 없이 이런저런 생각들을 계속해서 쏟아 냅니다. 그리고 그 생각들의 홍수 속에서 더 많은 고통들을 만들어 내며 스스로 존재의 이유를 확인합니다. 이런 마음에게 잠식되어 깊이 빠져들면 들수록 마음의 미로 속에 갇혀 벗어나지 못하게 됩니다. 그래서 마음이 하고 싶은 대로 하면서는 결코 고통으로부터 벗어날 수 없습니다. 다시 말해 깨달음은 없습니다.

수행처에서 핸드폰을 보거나 누군가와 대화를 하고 주변을 둘러보는 등의 행위는 단순해 보이지만, 그 순간으로 끝나지 않습니다. 마음이 하는 연상 작용으로 인해서 더 많은 생각들을 하게 되고, 이로 인해 알아차림의 공백이 올 수밖에 없습니다. 뿐만 아니라 마음을 더 활성화시킴으로써 이를 정화하기 위해서는 그만큼의 알아차림이 더 필요합니다. 만약 그 내용이 자극적이거나 인상적이었다면 더 많은 시간의 알아차림이 필요합니다. 때문에 알아차림이 아닌 다른 행동들을 자주 한다면 깨달음은 어렵습니다.

수행은 보고 들은 세상적인 지식이나 학문적인 지식을 교류하는 시간이 아니라 있는 그대로의 몸과 마음을 알아차림 함으로써 무상, 고, 무아라고 하는 참 지혜를 체득하는 과정입니다. 세상적인 지식이나 학문적인 지식으로는 고통으로부터 벗어날 수 없습니다. 붓다의 말씀은 위대합니다. 그렇다고 해서, 법문을 듣고 또 수없이 듣는다고 고통으로부터 벗어날 수는 없습니다. 오직 몸과 마음을 알아차림 함으로써만이 고통으로부터 벗어나 최상의 행복과 평화로움을 경험할 수 있습니다.

고된 훈련 없이, 하고 싶은 대로 하면서 훌륭한 군인이 될 수 없듯이, 고통의 상황들을 알아차리지 않고 편한 대로, 하고 싶은 대로 하면서는 깨달음을 성취할 수 없습니다.

수행처에서 보내는 알아차림의 시간은 졸음과 싸우고, 지루함과 싸우고, 좋아함과 싫어함과 싸우는 시간입니다. 마음에게 함몰 당하지 않기 위해 사투를 벌이는 시간입니다. 그러니 아침에 깨어나는 순간부터 잠이 드는 순간까지 가능한 한 알아차림을 놓치지 마십시오. 고통스러울 때 고통을 피하거나 외면하지 말고, 마음이 고통에 어떻게 반응하는지 지켜보십시오. 힘들 때마다 힘든 것을 피한다면 힘든 것을 이겨낼 지혜가 생겨나지 않습니다. 또한 알아차림을 지속할 수 있는 저력을 키울 수 없습니다. 그러니 좋아하고 싫어하며 판단하는 마음을 늘 지켜보십시오. 마음이 반응하는 방식을 알아차려 보십시오! 그러면 저절로 최상의 행복과 평화로움을 경험할 수 있습니다.

무엇이든 시작은 어려울 수 있습니다. 그래서 처음에는 많이 힘들게 느껴지기도 합니다. 자신의 성향 때문에도 더 힘들게 느낄 수 있습니다. 그런데 힘든 것이 당연한 것이라고 받아들이면, 조금은 덜 힘들게 느껴지기도 합니다. 그리고 시간이 지나 조금씩 적응이 되어 가면서는 수월하고 재미있기까지 합니다. 무엇이든 다 그런 것 같습니다. 힘들다고 생각하면 한 없이 더 힘들게 느껴지고, 한번 해보겠다고 마음먹으면 덜 힘들게 느껴지는 거요.

어쨌든 수행은 본인이 선택해서 하는 것이기에 좀 더 쉽게 집중할 수 있습니다. 물론 어려움이 있지만 포기하지 않는다면 결국은 극복할 수 있습니다. 그래서 있는 힘을 다해 최선의 노력을 다한다면, 누구라도 성인의 도와 과를 성취할 수 있습니다.

오래 전에 아이들에게 수학을 가르친 적이 있습니다. 여러 명의 아이들에게 같은 내용의 수학 공식을 설명하면, 금방 이해하는 아이가 있는가 하면 반대로 여러 차례 반복해서 설명해야만 이해하는 아이가 있었습니다. 그리고 수학적인 이해도는 낮지만 다른 과목 쪽으로 능력을 발휘하는 아이가 있는가 하면 양쪽 모두를 잘하는 아이가 있었고, 아예 학문적인 것에는 이해도가 낮은 아이도 있었습니다. 이렇듯 사람들은 배움이라는 하나에도 참 다양합니다. 그래서 붓다께서는 모든 제자들이 깨달음을 성취할 수 있도록, 여러 가지 방법으로 접근하신 것이라고 생각됩니다.

개인적으로는, 처음 위빠사나를 접하고 공부하면서 느낀 것은 '정말 고통으로부터 벗어날 수 있을까?' 하는 의문이었습니다. 그리고 또 다른 한편으로는 전오식, 바왕가, 부정관, 오취온, 오온, 7각지, 표상, 까시나 니밋따, 두타행, 계정혜 3학, 37조도품 등등 참 어렵다는 생각이 들었습니다. 그래서 이론적인 것보다는 직접 수행을 통해 확인을 해야겠다는 생각을 하게 되었습니다. 방법은 알아차림입니다. 이론에 집중하지 않고 오로지 알아차림에 집중했습니다. 이것이 중요한 이유는, 알아차림에 집중함으로써만이 고통으로부터 벗어날 수 있기 때문입니다.

한국에도 그렇지만, 미얀마에도 위빠사나 수행처가 여러 곳이 있습니다. 다섯 곳의 수행처를 방문했는데, 수행처마다 조금은 서로 다른 점을 지향합니다. 그러다보니 수행자로서는 혼란스러울 수밖에 없었습니다. 그런데 어쩌면 이것은 당연한 것일지도 모르겠다는 생각을 하게 됩니다. 수행자들의 경험이 다를 수 있고, 배움이 다를 수 있고, 안목이나 견해가 다르기 때문에 그럴 수도 있다고 생각했습니다. 그래서 하나만 보고 달려왔습니다. 그것이 바로 깨달음의 열쇠인 저절로의 알아차림입니다. 이것은 누구도 거부할 수 없는 진리입니다. 그리고 처음 방문해서 만난 스승님께 계속해서 가르침을 받고 싶었지만, 현실적으로는 어려웠습니다. 경험적으로 보면, 훌륭한 선생님은 알아차림을 강조하며, 수행자가 알아차림을 더 잘 할 수 있는 기법적인 것들이 가르침에 녹아 있었습니다. 이것이 중요한 이유는, 깊이 있는 수행의 진보는 오로지 알아차림을 통해서만이 가능하기 때문입니다. 그래서 위빠사나 집중수행에서는 학문적인 공부를 많이 한 선생님이나 착한 선생님보다는 수행의 깊이가 있는 선생님을 만나는 것이 유리합니다. 또한 알아차림이 아닌 다른 것을 강조하는 선생님은 피하는 것이 좋습니다.

지금까지 수행한 것을 되돌아보면, 참 감사한 시간이었습니다. 처음 위빠사나를 만나 일상에서 행선을 하면서 가능성을 확인하고 더 많은 법들을 보기 위해서 나름대로 최선을 다해, 아니 처절하게 있는 힘을 다해 노력했습니다. 노력에 의해 처음 하나의 빗장이 열리면서 무거움이라는 법을 보고, 더 많은 것들을 볼 수 있다는 가능성과 호기심에 더 필요한 노력들은 자연스럽게 하게 되었습니다. 살고자 하는 의지조차도 놓아버리고 알아차림에 몰입하자 그 다음 장막들은 자연스럽게 하나씩 하나씩 다가와 저절로 열렸습니다. 모든 것이 자연스럽게 저절로 되었습니다. 참 신기하지 않나요? 수행을 통해 얻은 결과물은 그 무엇과도 바꿀 수 없습니다. 그러니 꼭 경험해 보시기 바랍니다.

붓다께서 말씀하셨습니다.

"아난다여, 비구는 끊임없이 노력하고, 반조하고, 주의 깊고, 이 세상에 대한 탐욕을 버리고, 몸·느낌·마음·법에 대해 항상 알아차림을 개발하면서 살아야 한다."

개인적으로도 알아차림을 시작하면서 붓다의 말씀처럼 알아차림을 좀 더 잘하기 위한 방법들을 늘 고민해 왔습니다. 그것이 바로 저절로의 알아차림을 위한 방법으로 앞에서 제시한 깨달음의 열쇠 13개입니다.

- 첫 번째: 저절로 알아차려지는 정도의 행선 (본서 138쪽)
- 두 번째: 메모지 활용하기 (142쪽)
- 세 번째: 묵언 (147쪽)
- 네 번째: 법당 지키기 (155쪽)
- 다섯 번째: 원하는 것 놓아버리기 (159쪽)
- 여섯 번째: 몰입의 알아차림 (163쪽)
- 일곱 번째: 주변을 둘러보지 않기 (167쪽)
- 여덟 번째: 아파도 알아차림을 멈추지 않기 (175쪽)
- 아홉 번째: 움직임을 최소화하기 (193쪽)
- 열 번째: 있는 그대로를 수용하기 (209쪽)
- 열한 번째: 손가락 구부리기 (211쪽)
- 열두 번째: 고통의 한계 상황을 극복하기 (248쪽)
- 열세 번째: '나'를 포기하기 (251쪽)

수학이라는 학문은 기본 개념이 정리되어 있지 않으면 더 이상 진도가 나가기 어렵습니다. 그런데 수행도 마찬가지입니다.

예외는 있을 수 있지만, 저절로의 알아차림을 돕는 기본기가 되어 있지 않으면 깨달음의 성취는 어렵습니다. 물론 깨달음의 열쇠로 제시한 13가지 방법이 완벽한 답이라고는 생각하지 않습니다. 또한 모든 수행자들에게 다 필요한 것은 아닐 수도 있습니다. 3가지나 8가지만 필요한 수행자도 있을 것이고, 아니면 다른 무엇인가가 더 필요한 수행자도 있을 것으로 생각됩니다. 그러나 분명한 것은 앞서 언급한, 레몬 쥬스를 마시면 위가 서늘해지고, 그 차가움이 서서히 세포 하나 하나를 물들이며 팔과 다리로 퍼져 가는 것이 보이는 눈으로도, 몰입의 알아차림을 하지 않으면 미세한 영역은 보이지 않습니다. 때문에 몰입의 알아차림은 필수 불가결한 것입니다.

그래도 여기까지는 할 만한 수행입니다. 지금부터는 하려고 해도 어렵고, 포기하려고 해도 잘 안 되는 수행에 대해 언급할까 합니다.

첫 번째는 바로 '나'라는 것의 포기입니다. 사실 살고자 하는 의지는 본능입니다. 놓아버리려고 해도, 포기하려고 해도 안 됩니다. 붓다의 「무아경」에서처럼, '나'라는 것이 없다는 것을 수없이 듣고 또 들어도 받아들여지질 않습니다. 어쩌면 수많은 수행자들이 이 지점에서 더 이상 나아가지 못하고 멈추어 있는지도 모르겠습니다. 그러나 분명한 것은 깨달음의 성취는 고통을 만드는 놀라운 재주꾼인 마음을 뛰어 넘어 '나'를 포기하고 죽음까지도 초월할 수 있어야만 가능합니다. 그런데 이것이 쉽지 않습니다. 그럼에도 희망을 가질 수 있는 이유는 '나'라는 것의 포기가 불가능한 것은 아니기 때문입니다.

경험적으로 보면, 그 시작은 저절로의 흐름에 '나'를 내맡기는 것이었습니다. 저절로는 '나' 없음의 상태인 무아입니다. 또한 저절로는 '나'가 없는 만큼이기도 합니다. 그래서 마음이 고통을 만들어 내는 것을 지켜보면서 저절로의 알아차림에 몰입하는 것이 중요합니다.

두 번째도 '나'라는 것의 포기입니다. 마음은 자기만의 잣대로 옳고 그름을 판단하며, 받은 대로 되갚아주고 싶어 합니다. 마음은 손해 보는 것을 무척이나 싫어합니다. 특히나 억울하게 당하는 것은 못 견뎌 하며 날뜁니다. 포기하려고 해도 안 됩니다. 이런 마음의 기반은 '나'입니다. 그런데 깨달음의 상태에서는 손해를 보았다고 슬퍼하거나 억울하다고 고집을 부릴 '나'라는 것이 없습니다. 또한 '너'는 틀리고 '나'는 옳다고 주장할 '나'라는 것도 없습니다. 깨달음은 평화로움입니다. 그래서 진정 깨달음의 성취가 목표라면, 손해를 보거나 억울한 상황에서도 가능한 한 늘 긍정성으로 반응하며 자비를 실천하는 것이 좋습니다. 이것은 쉽지 않지만, 그럼에도 실천해야만 하는 이유는, 취업을 준비하는 사람이 회사가 요구하는 자격이 준비되어 있지 않으면 회사에 입사할 수 없듯이, 깨달음을 성취하기 위한 기본 바탕이 준비되어 있지 않으면 깨달음을 성취할 수 없기 때문입니다. 깨달음을 성취하기 위한 기본 바탕은 평안입니다. 때문에 가능한 마음이 평안한 상태가 되도록 노력하는 것이 좋습니다. 어쨌든 인과응보나 종두득두種豆得豆를 생각해보면, 당연히 실천해야만 할 일이기도 합니다. 그리고 붓다께서 자비를 강조하신 이유를 되새겨보는 것도 좋습니다. 그래서 '나'보다는 타인을 먼저 생각하고, 긍정성과 자비를 실천하며, 집중 수행에서는 '나'를 포기하는 저절로의 알아차림에 몰입하면 누구라도 깨달음을 성취할 수 있습니다.

어떤 수행자들은 개인의 경향성에 따라 나름대로 편안한 길, 자신에게 맞는 길, 빠른 길이 있다고 주장하지만, 어쨌든 저절로의 알아차림이 없으면 깨달음은 없습니다. 깨달음의 성취는 저절로 알아차려지는 시간 속에서 이루어지기 때문입니다.

그동안 경험을 통해 얻은 산지식이니, 집중하면 도움이 되지 않을까 해서 제시해봅니다. 저절로의 알아차림을 위한 깨달음의 열쇠 13개를 한마디로 간략하게 정리해 보았습니다.

"'나'를 포기하고, 저절로의 알아차림에 몰입하라."

붓다 시대에는, 붓다를 뵙는 것만으로도 저절로 아라한의 도와 과를 성취한 사람들이 많습니다. 스승님은 언어나 문자로만 제자를 가르치신 것이 아니라 그분에게서 뿜어져 나오는 깨달음의 에너지로 제자를 치유하며 가르침을 주셨던 것입니다. 이것이 바로 붓다의 은총이며, 깨달음의 은총입니다.

지식은 2학년 아이가 1학년 아이를 가르칠 수 있습니다. 그러나 수행에서 스승님이란 단순히 지식전달의 의미를 뛰어넘어 혜안의 이로움과 치유의 의미를 담고 있습니다. 상쾌하면서도 싱그러운 깨달음의 에너지에 의해 제자들은 성장합니다.

물론 이 시대에도 깨달은 성자를 직접 뵙고 수행을 할 수 있다면, 좀 더 빠르게 성인의 도와 과를 성취할 수 있습니다. 그리고 은총 없이 그동안 쌓아 놓은 공덕으로 인해 성인의 도와 과를 성취한 사람들도 있습니다. 이런 경우가 아니라면 노력을 많이 해야만 한다는 뜻입니다.

1층에서 바라보이는 세상이 다르고, 13층에서 바라보이는 세상이 다릅니다. 그렇다면 우주에서 바라보이는 지구는 어떤 모습일까요? 수행이 진보될수록 안목은 혜안慧眼으로 다가와, 지금까지 보이던 세상이 다르게 보입니다. 직접 경험해 보십시오. 그 무엇으로도 대체할 수 없는, 놀라운 것을 경험하게 될 것입니다. 위빠사나로 삶을 완성하십시오.

20장
수행자들과의 대화

수행자: 팔을 들고 내리는 것 등 이렇게까지 꼼꼼하게 알아차려 야 하나요?

필자: 좌선이나 행선에서는 꼼꼼하면서도 섬세하게 알아차리는 것이 좋고, 팔을 들고 내리는 것 등과 같은 일상에서는 자신이 무엇을 하고 있는지 정확하게 알아차리는 것이 좋습니다. 마음은 꼼꼼히 알아차리는 것이 좋은데, 예를 들어 화를 내는 마음을 계속해서 알아차리며 관조하게 되면, 분노나 걱정을 초연하게 바라볼 수 있는 힘이 생깁니다. 그러면 고통의 감정에 휘둘리지 않게 됩니다. 뿐만 아니라 수행이 계속되면 마음의 존재 방식이나 반응 방식이 자연스럽게 이해로 다가옵니다. 몸도 마찬가지로 계속해서 알아차리면 몸의 반응 방식이나 존재 방식들이 이해로 다가옵니다. 그러면 깨달음의 지혜인 무상, 고, 무아를 터득하게 됨으로써 최상의 행복과 평화로움을 경험할 수 있습니다.

수행자: 30대 후반, 그러니까 25년 전부터 깨달음에 대해 관심이 많았습니다. 책을 읽으면서 당연히 깨달을 줄 알았습니다. 그러나 책은 아무리 많이 읽어도 안 된다는 것을 알고는, 뭔가 이해를 잘못해서 그런가 하며 안타깝기도 했고, 후회도 했습니다. 그럼에도 깨달음은 포기할 수 없었습니다. 요즈음은 바다나 저녁노을, 자연 등등 아름다운 것들을 상상하는 명상을 하는데, 마음이 조금은 편안해지는 느낌입니다.

필자: 아름다운 것을 보거나 좋은 생각을 하면 잠시 평안할 수 있습니다. 그러나 그 시간이 지나가면, 고통의 감정들은 다시 돌아옵니다. 책을 읽거나 아름다운 것을 보는 것은 마음의 순화입니다. 그러나 깨달음의 성취란 몸과 마음의 정화입니다. 마음의 순화란 몸과 마음의 정화가 좀 더 용이해졌다는 뜻일 뿐입니다. 깨달음은 알아차림을 통해 몸과 마음이 정화되었을 때 비로소 가능합니다. 오로지 알아차림을 통해서만이 깨달음을 성취할 수 있습니다. 이제부터는 알아차림에 집중해 보십시오.

수행자: 죽음이 두렵습니다. 몸이 많이 아프니 늘 불안합니다.

필자: 불안이라는 글을 종이에 써서 자주 바라보는 벽에 붙여 놓고 불안을 알아차리십시오.

수행자: 불안을 생각하면 무섭습니다.

필자: 병원에서 치료를 받고 있는 중인가요?

수행자: 그 정도는 아닙니다.

필자: 참으로 다행입니다. 마음을 꼼꼼히 알아차려 보면, 하나의 감정만 계속되는 것은 아닙니다. 미움, 싫어함, 기쁨, 즐거움, 행복, 사랑, 감사함, 평안 등등 다양한 감정들이 반복되는 것을 느낄 수 있습니다. 그런데 불안이라는 감정에 두려움이라는 반응을 보이면, 마음은 이런저런 상상을 통해 불안을 더욱 더 조장하며 고통을 만들어 냅니다. 그리고 계속해서 또 다른 고통들을 끊임없이 만들어 냅니다. 이것이 마음의 속성입니다. 그러나 분명한 것은 마음이 고통을 현실 속으로 가져오지는 못합니다. 그러니 고통을 만드는 마음을 피하거나 반응하지 말고, 당당히 마주하며 알아차려 보십시오. 고통을 만드는 마음을 직시할 수 있어야 마음도 고통 만들기를 중단합니다. 아니면 계속해서 더 큰 고통들을 만들어 냅니다. 마음에서 느껴지는 감정들을 있는 그대로 명칭을 붙이며 알아차리다 보면, 마음이 고통 만들기를 중단하는 것은 물론 마음이 반응하는 방식들이 자연스럽게 이해로 다가옵니다. 점점 더 평안해져 가는 자신을 발견하게 될 것입니다.

수행자: 좌선을 하면 생각이 너무 많아집니다.

필자: 그것이 바로 마음이 존재하는 방식입니다. 생각의 내용에

반응하지 말고, 그냥 '마음은 이렇구나!' 하고 계속해서 알아차리십시오. 이것은 중요합니다. 생각의 내용에 따라 휘둘리면 마음은 더 많은 생각할 거리를 만들어 냅니다. 수행이 진보하면 생각의 내용물이 변하는 것을 느낄 수 있을 것입니다. 또한 마음의 작용에 점점 초연해져 가는 것도 느낄 수 있을 것입니다. 그러면 생각의 내용에 따라 울고 웃는 것이 아니라 평화롭게 마음을 지켜보게 됩니다. 그러니 어린 아기를 지켜보듯이 마음이 어떻게 반응하는지 있는 그대로를 지켜보며 알아차리십시오. 알아차림의 힘을 키우십시오.

수행자: 고양이에게 마음이 쓰입니다.

필자: 무슨 이야기입니까?

수행자: 법당 가는 길에 까만 고양이가 있었습니다. 그 고양이가 제 다리 사이로 지나갔는데, 너무 싫어 다리를 씻고 또 씻었습니다. 그리고는 미안해서 식당 앞에 있는 고양이를 마주보고 앉아서 한참을 바라보았습니다. 그런데 그 후에 고양이가 제 방 앞에 앉아 있더라고요. 그래서 가까이 오지 말라고 했더니 어디론가 가더니 계속 보이지 않아요.

필자: 고양이가 수행자님의 몸인가요? 아님 마음인가요?

수행자: 아~~!

필자: 수행은 수행자님의 몸, 마음을 알아차리는 시간입니다. 알

아차림을 하지 않으면, 그 순간부터 마음은 희·노·애·락을 만들며 고통의 바다에 빠져듭니다. 마음은 고통을 만드는 놀라운 재주꾼이기 때문입니다. 수행자님이 지금 그것을 경험하고 있습니다. 고양이가 수행자님의 다리 사이를 지나갔을 때의, 그 느낌과 마음이 어떻게 반응하는지를 알아차려야 했습니다. 그러면 그 다음의 고통은 만들지 않았을 것입니다. 고통으로부터 자유로워지는 방법은 알아차림뿐입니다. 알아차림에 좀 더 몰입하십시오. 고양이에게 쓰이는 그 마음을 알아차리십시오.

수행자: 행선은 어떻게 해야 하나요? 발을 듦, 감, 내림의 3단계로 하고 있는데, 어렵습니다.

필자: 우리는 무상, 고, 무아를 체득하려고 수행을 하고 있습니다. 그런데, 발을 들려는 자, 가려고 하는 자, 내리려고 하는 자는 누구인가요? 발을 들려고 하면 발을 들려는 의지에 가려져 발의 움직임에서 볼 수 있는 본래의 자연성인 무아는 보기 어렵습니다. 그냥 편안히 걸으십시오. 회사에 가듯이, 시장에 가듯이, 되는 대로 자연스럽게 걸으세요. 그러면 마음이 들떠 있거나 화가 나 있으면 걸음은 빠를 것이고, 시간이 지나면서 좀 편안해지면 자연스럽게 속도는 느려질 것입니다. 이것이 명상입니다.

만약 의도적으로 속도를 조절하여 3단계나 5단계로 느리게 걷는다면, 마음은 어떤 상태일까? 한번 생각해 보십시오. 그리고 반대로 있는 그대로의 발걸음을 알아차리면서 속도가 자연스럽게 저절로 느려질 때의 마음은 어떤 상태일까를 비교해 보십시오. 실제로 해 보십시오. 그러면 행선뿐 아니라 수행은 어떻게 해야 하는지를 확연히 알게 될 것입니다. 그리고 알아차림이 계속되면 자연스럽게 지수화풍의 4대 요소인 무거움이나 가벼움 같은 자연성을 보게 될 것입니다. 그러니 그냥 편안히 걸으면서 있는 그대로를 알아차리십시오. 그 안에서 무상, 고, 무아라는 자연성을 자연스럽게 저절로 볼 수 있을 것입니다.

수행자: 마음을 알아차리는 게 중요한 것 같은데, 의도를 알아차리기 위해선 생활 명상에서 더더욱 행동을 늦게 해야 하는 게 아닌가 하는 생각이 듭니다. 맞나요?

필자: 의도는 몰입의 알아차림이 계속되면 자연스럽게 저절로 알아차려집니다. 수행은 몸과 마음을 있는 그대로 알아차리는 과정이지, 의도적으로 만들어서 하는 알아차림은 수행이라고 볼 수 없습니다. 어렵다는 느낌이 일어나면 그 느낌을 있는 그대로 명칭을 붙이며 알아차리고, 움직일 때는 움직이는 대로 명칭을 붙이며 있는 그대로를 알아차리십시오. 생활 명상의 목표는 좌선이나 행선에서 만들어진 집중력을 유지하는 것입니다. 방이나 화장실에서 하는 움직임들은 습관적으로 하는

행동들이 많습니다. 그래서 움직임이 빠르기 때문에 알아차리기가 어렵습니다. 그냥 움직임을 알아차린다는 느낌으로 집중하면 좋습니다. 생활 명상에서 알아차림은 움직임이 적을수록, 그리고 단순할수록 유리합니다.

수행자: 행선에서 발의 느낌을 알아차리면 잡념이 많고, 다리 전체나 몸 전체를 알아차리면 잡념이 덜 생깁니다.

필자: 깊이 있는 수행의 진보는 미세한 영역을 알아차리면서 시작됩니다. 다리 전체나 몸 전체처럼 알아차림의 범위가 넓으면 미세한 영역의 알아차림을 개발하기가 어렵습니다. 행선에서 발의 느낌을 알아차리다가 생각이 일어나면 있는 그대로 '생각함' 하고 명칭을 붙이며 알아차리고, 다시 발의 움직임과 느낌을 알아차리십시오. 발목 밑, 발의 느낌을 계속해서 보고, 또 보고 하는 과정을 통해서 미세한 영역을 알아챌 수 있는 수행력이 키워집니다.

수행자: 식사를 할 때는 어떻게 알아차려야 하나요?

필자: 먹는 것에 대한 욕심은 본능입니다. 이런 마음을 알아차릴 수 있어야 합니다. 음식을 접시에 담을 때 손의 움직임을 알아차리십시오. 그리고 마음에서 생각이 일어나면 그 마음을 알아차리십시오. 자리에 앉아서는 수저를 들고, 음식을 입안으

로 가져오고, 수저를 내려놓는 것을 알아차리시고, 음식을 씹으면서 사각사각, 부드러움, 단단함, 설컹설컹, 거침 등의 느낌들을 알아차리십시오. 식사 명상은 주 알아차림이 손의 움직임과 입안입니다. 식사를 하면서 몸이나 마음에서 다른 움직임이나 변화가 있다면 알아차리고, 사라지면 다시 손과 입안을 알아차리십시오. 음식을 씹을 때는 눈을 감고, 시선이 식탁을 넘어가지 않도록 하는 것이 중요합니다. 그리고 식사 명상역시 자연스러움이 좋습니다. 어느 것을 먼저 먹을지와 같은 고민은 하지 않는 것이 좋습니다. 가능한 한 좋아하고 싫어함 없이, 맵든 짜든 순차적으로 주어지는 대로 먹겠다는 마음으로 식사를 하십시오.

수행자: 일상생활에서 맘이 많이 다쳐요. 무엇이 문제인지 답이 안 나와요.

필자: 마음이 다친다는 것은 뭔가 원하는 대로 되지 않았다는 뜻이겠지요. 이럴 때는 먼저 입장 바꾸어 생각해 보기를 해보면 좋습니다. 그리고 살아 있는 생명체는 모두 자기가 최우선이라는 것을 인정해 주면, 그래서 '스님께서도 상대의 입장이라면 어떤 행동을 했을까?'를 생각해 보기 바랍니다. 탐욕이라는 것은 끝이 없습니다. 다만 더하고 덜하고의 차이가 있을 뿐입니다. 스님 역시도 마찬가지고요. 모든 사람이 이것이 고통이

라는 것을 알면서도 멈추지 못하고 있습니다. 그래서 수행이 필요한 거고요.

그리고 마음이 존재하는 방식을 이해하는 것이 좋습니다. 우리들은 마음의 인식 작용에 의해 같은 것을 보고 어떤 사람은 무심할 수 있지만, 어떤 사람은 분노합니다. 때문에 이것이 마음이 다칠 일인가를 점검해 볼 필요가 있습니다. 그리고 또 다른 하나는 마음이 하는 일이 본래 고통 만들기임을 알아차리는 것이 좋습니다. 마음에 화가 나면 마음은 화가 날 더 많은 일들을 찾아냅니다. 이런 마음에게 휘둘리면 고통의 끝은 없습니다. 그냥 무심히 마음이 하는 양을 있는 그대로 알아차리십시오. 많이 힘들 때는 행선을 하는 것이 도움이 됩니다.

수행자: 사람에게서 가장 더러운 냄새가 난다고 하던데, 무슨 뜻인가요?

필자: 주변에 있는 사람들 가운데 왠지 편안함이 느껴지는 사람이 있는가 하면, 왠지 불편하거나 편안하지 않은 사람이 있습니다. 이유는 꽃이 향기를 품어 내듯이 사람들도 자신이 지니고 있는 에너지를 발산하기 때문입니다. 그래서 시기심이나 질투, 미움, 분노 등의 부정성의 에너지를 품고 있는 사람이라면 불편한 에너지를 발산하고, 이해, 배려, 사랑 등의 긍정성의 에너지를 품고 있는 사람은 평안함의 에너지를 발산합니

다. 뿐만 아니라 이런 에너지는 꽃의 향기가 주변을 물들이듯이 사용하는 물건이나 거주하는 곳을 자신의 에너지로 물들입니다.

나무나 꽃들은 누군가 가지를 꺾고 괴롭혀도 싫어하거나 괴로워하지 않습니다. 벼랑 끝 돌 틈에서 자라나면서도 힘들어 하지 않습니다. '무아'의 상태에서 있는 그대로를 받아들이며 평화롭습니다. 이것은 사람들에게도 주어진 존재 방식이기도 합니다. 그러나 사람들에게는 주어지는 대로, 있는 그대로를 받아들이는 것이 어렵습니다. 그래서 힘든 것은 못 견뎌 하고, 누군가 건드리면 받은 대로 되갚으려고 합니다. 더 큰 고통은 이렇게 시작됩니다. 이 과정에서 고통이 부정성인 분노로 표현되어 곁에서 호흡하기 힘들 정도로 싸~ 하면서도 독한 냄새를 발산합니다. 이것은 모든 생명체가 발산하는 냄새 중에서 가장 독하고 더러운 냄새입니다. 알아차림은 이런 고통으로부터 벗어나 꽃이나 나무처럼 향기를 발산하며 평화롭고 행복해지는 방법입니다.

수행자: 시댁을 늘 챙기는 일들이 스트레스입니다. 다른 선생님께 여쭈었더니 하고 싶은 대로 하라고 하시는데, 도덕이라는 것이 있는데 어떻게 해야 하나요?

필자: 해도 고통스럽고 안 해도 고통스러운 것, 이것이 바로 마

음이 고통을 만드는 방법입니다. 마음이 도덕이나 관습이라는 이유로 해야만 하는 것으로 인식하고 있기 때문에 안 하면 고통스러운 것이고, 그럼에도 이런저런 이유로 하고 싶지 않기 때문에 해도 고통스러운 것입니다. 먼저 마음이 하는 일이 고통 만들기라는 것을 이해하고, 고통을 만드는 마음에게 휘둘리지 않을 수 있어야 합니다. 그래서 수행자라면 마음이 하기 싫어하는 것은 더 친절히 하는 방식으로 하는 것이 좋습니다. 왠지 싫은 사람이 있으면 더 친절하게 대접하고, 마음이 욕심을 부리면 더 베푸는 방식으로 하는 것이 좋습니다. 마음의 의도와는 관계없이 늘 자비를 베푸는 방식으로 하면 됩니다. 이것이 고통을 만드는 마음으로부터 자유로워지는 방법입니다.

수행자: 붓다께서는 수행자들에게 산속의 한적한 곳으로 가서 수행을 하라고 하셨는데, 굳이 수행처에 가서 수행을 해야 되나요?

필자: 붓다 시대에는 재가 수행자들을 위한 집중 수행이라는 것이 없었던 것으로 알고 있습니다. 중요한 것은 알아차림을 더 잘할 수 있는 곳이 어디냐? 입니다. 산속 한적한 곳에서 자기가 손수 밥해 먹으면서 알아차림을 하는 것과 집중 수행처에서 주는 밥 먹으면서 알아차림을 하는 것 중에서 더 잘할 수 있는 곳을 선택하면 되겠지요.

수행자: 알아차림이 되는 듯하다가도 잘 안 되는 건, 왜 그런가요?

필자: 원래 수행은 되다, 안 되다의 반복입니다. 안 되는 것을 최소화하기 위해서는 정확한 알아차림의 시간을 늘리는 것이 좋습니다. 그리고 알아차림이 안 된다고 느껴질 때는, 그냥 그 느낌을 알아차리십시오.

수행자: 몸을 집중해서 알아차리면, 콩알 같은 에너지체가 몸의 여기저기를 계속해서 돌아다닙니다. 어떻게 해야 하나요?

필자: 그 에너지체를 알아차려도 사라지지 않는다는 말씀이네요. 그러면 무시하고 배의 부름과 꺼짐을 알아차리십시오. 이외에 몸에 통증 같은 느낌이나 어떤 현상들을 알아차려도 사라지지 않고 계속된다면, 호흡으로 돌아와 배의 부름과 꺼짐을 알아차리십시오.

수행자: 저는 호흡을 알아차리는 것보다 마음을 알아차리는 명상이 좋습니다.

필자: 어떻게 좋은가요?

수행자: 마음을 계속해서 알아차리면 집착하는 마음이 사라지고, 희열이 느껴집니다.

필자: 그렇게 해서 무상, 고, 무아는 보았나요?

수행자: 아니요. 그냥 망상을 많이 합니다.

필자: 망상을 알아차리면 어떻게 되나요?

수행자: 바로 사라집니다.

필자: 희열은 수행의 과정 중에 나타나는 하나의 현상일 뿐이니 집착하지 마십시오. 수행이 진보하면 더 큰 행복과 평화로움을 경험할 수 있습니다.

마음을 알아차리는 것만으로는 깊이 있는 수행의 진보는 부족합니다. 때문에 몸과 마음에서 일어나고 사라지는 모든 현상을 알아차리는 것이 좋습니다. 예를 들어 보겠습니다.

길을 가다가 우연히 어디선가 들려오는 피아노 치는 소리를 듣게 되었습니다. 그런데 피아노를 모르는 사람은 피아노를 잘 친다거나 서투르다는 정도만 압니다. 그러나 피아노를 오랜 시간 치거나 전공한 사람들은 음표 하나하나를 제대로 쳤는지, 아님 실수를 했는지 쉽게 알 수 있습니다. 이렇게 피아노 소리를 듣고 정확히 꿰뚫어 알 수 있는 것은, 오랜 시간 공부를 하였기 때문입니다. 수행도 마찬가지입니다. 몸과 마음을 지켜보면서 배의 부름과 꺼짐을 오랜 시간 알아차리고 또 알아차리면, 보통의 눈으로는 볼 수 없는 미세한 영역의 자연성을 꿰뚫어 정확히 알아차릴 수 있게 되는데, 이 과정에서 무상無常, 고苦, 무아無我라고 하는 자연성을 통해 지혜를 체득할 수 있는 수행의 진보를 경험하게 됩니다. 마음만 알아차려서는 무상, 고, 무아를 보기 어렵습니다. 그러니 몸과 마음에서 일어

나고 사라지는 현상들을 지켜보며 있는 그대로를 정확히 알아
차리십시오.

좌선을 할 때는 기본적으로 배의 부름과 꺼짐을 알아차리십시
오. 마음에서 생각이 일어나면 그 생각을 알아차리고, 사라지
면 다시 배의 부름과 꺼짐을 알아차리십시오. 몸에 어떤 느낌
이 느껴지면 그 느낌을 알아차리고, 사라지면 다시 배의 부름
과 꺼짐을 알아차리십시오. 행선도 마찬가지로 생각이 일어나
면 그 생각을 알아차리고, 사라지면 발걸음을 알아차리십시오.

수행자: 좌선과 행선에서 마음의 소멸을 경험했다고 하시는데,
　　　소멸되는 과정과 다시 돌아오는 과정을 기억하시나요?

필자: 인식은 누가(혹은 무엇이) 하나요?

수행자: 인식하는 자는 '나'라고 하지요. '나'라는 건 오온일 뿐이
　　　겠지만 말이지요. 질문 하나 더 하고 싶네요. 오온 중에 식識은
　　　무엇이라 생각하나요?

필자: 제 생각이나 경험은 당신에게 의미 없습니다. 중요한 것은
　　　당신이 '행복한가' 입니다. 알아차림에 집중하여 지혜를 터득
　　　하고 최상의 행복과 평화로움을 누리십시오.

수행자: 본능本能 억제와 알아차림, 또는 견성見性과의 상관관계
　　　에 대하여 어떻게 보시는지요?

필자: 수행을 통해 직접 알아보십시오. 제가 도와 드릴 수 있는
　것은 수행의 진보를 위한 방법들입니다.

수행자: 어떤 수행처가 좋을까요?

필자: 명상센터마다 특징이 다양합니다. 묵언을 해야만 하는 곳
　이 있는가 하면, 말을 해도 되는 곳이 있습니다. 밖으로 외출이
　자유로운 곳이 있는가 하면, 못하게 되어 있는 곳도 있습니다.
　위빠사나만 하는 곳이 있는가 하면, 사마타를 먼저 해야만 하
　는 곳이 있습니다. 식사나 주스 시간 이외에는 법당을 못 나가
　는 곳이 있는가 하면, 원하면 언제든지 나가서 쉴 수 있는 곳도
　있습니다. 조용한 곳이 있는가 하면, 주변이 시끄러운 곳도 있
　습니다. 이렇듯 수행처들은 각각의 특색을 지니고 있습니다.
　그런데 재미있는 것은 수행자들이 선호하는 것도 각각 다르다
　는 것입니다. 그러니까 상식적으로 시끄러운 곳을 싫어할 것
　같지만, 괜찮아 하는 수행자들이 있더라고요. 규율이 엄격한
　곳을 좋아하는 수행자가 있는가 하면, 자유로운 곳을 좋아하
　는 수행자가 있습니다. 그런데 마음이 원하는 것과 수행에 도
　움이 되는 것은 좀 다릅니다.

　수행의 궁극적인 목적은 깨달음입니다. 깨달음의 지혜는 마음
　으로 찾는 것이 아니라 알아차림으로 저절로 찾아지는 것입니
　다. 이를 위해서는 마음이 활성화되는 것을 차단하는 수행처

가 좋습니다. 마음에게는 어떠한 여지도 주지 않는 것이 수행의 진보 측면에서는 유리합니다. 그래서 마음이 원하는 것에 휘둘리는 것이 아니라 그런 마음의 존재 방식이나 반응 방식을 알아차리는 것이 좋습니다. 그러면 스펀지가 물을 빨아들이듯 수행의 진보는 빠를 수 있습니다. 그래서 좋은 수행처는 알아차림을 잘할 수 있는 곳입니다.

수행자: 화요일에 집중 수행을 하러 떠납니다. 10개월 정도 수행을 할 계획입니다.

필자: 수행의 진보는 원하면 되는 것이 아니라 저절로입니다. 몸의 사라짐이나 마음의 사라짐도 저절로입니다. 성인의 도와 과의 성취도 저절로입니다. 이것은 알아차림이 저절로 되는 상태에서 이루어지는 진보입니다. 때문에 알아차림이 저절로 될 수 있도록, 가능한 알아차림을 멈추지 않는 것이 좋습니다. 저절로란 '나' 없음의 상태인 무아입니다. 몸과 마음을 어떻게 하겠다는 마음 없이, 원하는 마음 없이, 있는 그대로의 알아차림에 몰입해 보십시오. 성인의 도와 과를 성취하시길 빕니다.

끝내면서

이 삶은 선물이었다

초등학교 들어가기 전인가 후 쯤, 어느 날 무엇을 먹어서 그랬는지는 모르겠지만 몸에 두드러기가 돋은 적이 있습니다. 그때 할머니가 아궁이에 불을 지피면서 올라오는 연기를 몸의 두드러기에 쏘여 주었습니다. 그때는 불편하고 힘들었지만, 지금 생각해 보면 할머니를 추억할 거리라서 고맙기만 합니다.

이렇듯 어린 시절에는 병치레가 잦았던 것으로 기억됩니다. 이런 저를 극진히 보살펴 주신 분이 할머니입니다. 그래서인지 할머니를 늘 따라다녔습니다. 쥐불놀이하는 날에도 따라가고, 장날에도 따라가고, 밭에도 들에도 따라 다녔습니다. 그리고 할머니가 마당에서 가을 추수하는 것을 보면서 '봄에 씨를 뿌려서 가을에는 이렇게 걷어 들이는 것이구나!' 하며 농사의 이치를 이해하기도 했습니다. 할머니와 함께했던 모든 시간들은 기적과도 같은 시간이었습니다. 이후 미래를 준비하기 위해서 했던, 수많은 배움과 만남 역시도 오늘을 만들기 위한 기적이었습니다. 그리고 어느 날엔가 책방에서 우연히 만난 위빠사나의 알아차림 역시도 제겐 기적입니다. 견디기 힘들었던 육체의 아픔조차도 기적이었습니다. 너무 아파서 '나'를 포기하는 수행이 좀 더 수월했다고 생각되기 때문입니다.

삶의 매 순간은 배움의 시간입니다. 가난한 사람은 그 가운데에서도 자비를 실천하며 극복할 수 있는 기회, 부자인 사람은 베풀 수 있는 기회, 함께 살아가는 사람들과의 다툼은 상대를 이해할 수 있는 기회, 아픔을 당한 피해자는 용서할 수 있는 기회, 그리고 가해자는 그런 방식의 삶은 안 된다는 것을 배울 수 있는 기회입니다. 실패는 또 다른 방법을 배울 수 있는 기회이며, 육체의 아픔은 몸의 존재 방식을 배울 기회입니다. 노화는 젊은 시절에 대해 감사할 기회이며, 자숙과 성찰의 시간입니다.

완벽한 사람은 없습니다. 이로 인해 살아가면서 경험하는 고통의 순간에 부정성으로 반응하기보다는 긍정성으로 반응할 때, 우리는 더 큰 성장을 경험하게 됩니다. 다른 누군가에 의해서가 아니라 자신의 선택에 의해 성장을 합니다. 그래서 지구에서의 이 삶의 의미는 이해하고 용서하며, 자비를 실천함으로써 더 성장하는 것입니다.

모든 고통의 시작은 '나'입니다. 마음이 '나'를 기반으로 하는 탐욕, 분노, 어리석음, 분별, 싫어함, 좋아함, 짜증, 근심, 걱정, 미움, 불만, 외로움, 지루함, 자만심, 교만, 오만 등등의 감정놀이에 휘둘리면서 고통의 나락으로 떨어지기 시작합니다.

위빠사나의 알아차림은 이런 마음과의 싸움이었습니다. 수행을 하면서 몸과 마음을 있는 그대로 정확히 알아차리자, 모든 것이 저절로 이해로 다가왔습니다. 저절로 몸과 마음의 자연성이 드러나 정화되면서 치유되고, 평화로워지고 행복해졌습니다.

세상이 아름답게 빛을 발하고 있습니다. 평화로움이 곳곳에 스며들어 있음이 보입니다. 세상이 살아 숨 쉬고 있음의 생동감이 만끽되고 상쾌합니다. 새들은 노래로서 평화로움의 안부를 전해오고, 봄의 나래가 살포시 내려앉은 산에는 개나리가 봄의 향연을 즐기고 있고, 나무들의 평화로움이 가슴을 두드립니다. 사람들에게서 각각의 장점이 보이고, 나름대로 열심히 살아가는 모습이 아름답고 사랑스럽게 보입니다. 꽃의 화사함이 온몸을 감싸니 육체가 전율하며 행복해합니다. 삶의 상황들로 인해서 때로는 고통에 잠식되기도 하지만, '아는 마음'은 그것이 진실이 아니라며 다시 평화로움으로 젖어듭니다. 고통이라고 생각했던 많은 부분들이 사실은 고통이 아님을 실감하게 되네요.

마음의 내용물이 보태어진 세상이 아니라, 내면에서 빛을 발하는 존재 자체로서 있는 그대로의 세상을 순수하게 볼 수 있어서 고맙습니다. 이 삶이 만족스럽고 행복합니다. 지금까지 살아오면서 함께했던 모든 분들 고맙습니다. 삶의 모든 순간들, 아파하고 슬퍼했던 그 순간조차도 고맙습니다. 고통스러웠던 이 삶은 선물이었습니다.

끝까지 읽어 주셔서 고맙습니다.

아침에 깨어나는 순간이나 좌선을 하는 시간에는, 수정해야 할 부분이나 첨가해야 할 부분들이 자연스럽게 저절로 떠오르곤 했습니다. 그래서인지 이 글을 다시 보면서, 제가 썼다고는 느껴지지 않는 부분들이 참 많았습니다. 부디 이 글이 깨달음의 성취를 원하는 수행자들에게 도움이 되길 빌어봅니다.

감사합니다.

나날이 더 많이 행복하시길 빕니다!

좀 더 많은 수행자들이 성인의 도와 과를 성취하길 빕니다.

고타마 싯다르타 붓다! 고맙습니다.

위빠사나 수행자

지은이 **영선** (泳善) - Young Sun

위빠사나 명상으로 새로운 삶을 살고 있는 수행자.

1958년 경기도 안성에서 태어났다. 고단한 삶에 몸과 마음이 너무나 지쳐 행복을 찾아 다양한 방법들을 공부하던 중 위빠사나 알아차림의 명상을 만났다. 위빠사나 명상을 통해 분노를 알아차리던 중 뇌에서 분노가 일어나고 사라지는 현상을 처음 맞닥트린 후, 10년 동안 다니던 회사를 그만두고 수행자의 길로 들어섰다. 그리고 2006년, 마침내 미얀마로 향했다.

몸과 마음을 있는 그대로를 알아차리는 위빠사나 명상은 분노, 외로움, 슬픔, 두려움 등과 같은 고통스러운 감정으로부터의 자유이며, 생로병사라고 하는 고통으로부터의 자유다. 그러면 내면에서 저절로 행복과 평화로움의 에너지가 흘러나온다. 위빠사나 알아차림은 삶을 완전히 바꾸는 힘을 지녔다.

그래서 그는 행복하다.

위빠사나 명상일기

초판 1쇄 발행 2018년 7월 23일 | **초판 2쇄 발행** 2019년 9월 18일
지은이 영선 | **펴낸이** 김시열
펴낸곳 도서출판 운주사

(02832) 서울시 성북구 동소문로 67-1 성심빌딩 3층
전화 (02) 926-8361 | 팩스 0505-115-8361
ISBN 978-89-5746-520-2 03220 값 15,000원
http://cafe.daum.net/unjubooks 〈다음카페: 도서출판 운주사〉